「書くこと」の授業を豊かに

―作文教育で「アクティブ・ラーニング」の先へ―

日本作文の会 編

本の泉社

子どもとともに歩もうとするあなたへ
――作文教育とアクティブ・ラーニング

子どもの人間的発達と作文教育

子どもは、もともと表現が大好きです。表現の方法は、絵であったり、歌であったり、身体の動きであったり、言葉であったりと、一人ひとり違っても、喜びや悲しみ、怒りや驚きなど、そのときどきの胸のうちを何らかの形で表出しようとします。そこには、心のときめきや感情のふるえを人にわかってもらいたい、伝えたいと願う子どもの真実があるからです。

私たちは、〝日本の教育遺産〟とも言われる「生活綴方」の精神を継承しながら、ことばで感じたり考えたりしたことを自由に表現する作文教育の研究と実践を続けてきました。子どもたちが自分の生活のなかで、「書きたいことを・書きたいときに・書きたいように書く」。この「書く力」を子どもが獲得していくようにどう育てるか、子どもの今に寄り添いながら「生きる力」をどう励ますか。ここを起点にして、子どもの成長を願い、子どもの表現力を育て、作品を読み合い、より深いつながりを育む作文教育の創造に向かい歩んでいます。

現行教科書を超え、子どもの表現を励ます

しかし、昨今の学校現場では子どもたちが国語の授業で、自分を語る「生活作文」を書く場面が狭められてきました。背景には、国語教科書の内容や指導事項が大きく変質したことがあります。

１９９８年度改訂の学習指導要領で「作文」という言葉が消えて「書くこと」単元になり、言語活動例が明記されました。ここでの言語活動は「内容の取扱い」という補助的なものでしたが、２００８年度改訂では「内容の一部」として新たに位置付けられ「例えば、次のような言語活動を通して指導するもの」となり、拘束性を感じさせる文言に変わりました。〈低学年では、想像文、報告文、観察文、記録文、説明する文、紹介文、メモ、手紙。中学年では、詩、物語文、学級新聞、説明文、依頼状、案内状、礼状。高学年では、短歌、俳句、随筆、意見文報告文〉といった具体的な文の種類が挙げられたのです。その結果、検定教科書は、この「例示」を何らかの教材として織り込まざるを得なくなり、子どもの生活に根ざした表現で「生活・内面のありのままを書く」単元が教科書から消えたのです。

また、現場の多忙化とともに、個人情報への配慮から教室での日記・作文指導や通信・文集の発行も困難になってきた現実もあります。

そんな中で、今若い先生を中心に「子どもといい関係を作りたい」「どうしたら生き生きとした作文や詩を書かせられるのか」「子どもが自分から自分の生活や思いを書けたらいい」など、子どもの成長・発達を願い、実践を模索する声が、私たちの会にも数多く寄せられています。「どんな場面で、何を題材に文章を書き、どう読み合ったらいいのか」。現場からの要望や課題に答えながら、私たちは、夏の全国作文教育研究大会や月刊誌「作文と教育」誌等で、全国の先生たちと実践や研究の交流を重ねています。

『いわゆるアクティブ・ラーニング』いま・これから

今新たに、大学教育での授業改善の動向に端を発した「アクティブ・ラーニング」の文言が時代のキーワードになって、教育現場を席巻しつつあります。

文科省では、次期学習指導要領改訂（小学校２０２０年実施）に向けた準備を進めており、そこでは〈何を教えるか〉という知識の質や量の改善はもとより、「どのように学ぶか」という学び方の質や深さを重視することが必要（中央教育審議会・平成26年11月20日）〉との認識のもと、全教科にわたり〈課題の発見・解決に向けて主体的・協働的に学ぶ学習（いわゆる「アクティブ・ラーニング」）や、そのための指導法を充実させていく（同）〉方向で、検討が重ねられている背景があります。

中教審は「論点整理」（同27年8月26日）をする中で〈新しい時代に必要となる資質・能力〉（同）として、「三つの学び」の重要さを強調しました。

①習得・活用・探求という学習プロセスの中で、問題解決を念頭に置いた「深い学び」
②他者との協働や外界との相互作用を通して、自らの考えを広げ深める「対話的な学び」
③子どもが見通しを持って粘り強く取り組み、自らの学習課題をふり返って次につなげる「主体的な学び」

これらの「三つの学び」は「新しい時代に必要となる資質・能力」として、ことさらに強調される目新しい着想なのだろうかと、ここで立ち止まり改めて考えてみたいと思います。この「三つの学び」が提示している「主体的に・深く・対話的な」学びの姿勢は、先達の教師たちが、教室実践のなかで大切にしてきた授業づくりの視点でした。子どもの人間的成長を願う作文教育が「自己教育力・自己発達力を育てる」ために大事にしてきた観点でした。

作文教育で「アクティブ・ラーニング」の先へ

作文教育は、日記であれ、詩であれ、自分の生活に向き合って、勇気をもって書き出すところに発達的意味を含んでいます。「何を書くか」子どもが自ら「とらえる」ことを第一義とし、書きたいことが決まったら、ぐいぐいとことん記述していくよう働きかけます。表現過程でのこの意欲性・積極性・執着性の育成には、作文教育がめざす自己教育力における発達的な学びの資質が含まれています。

子どもたちが学び育つ場は「学級・学校」と「生活している家庭・地域」です。私たちは一貫して日々の生活の中で生まれた学級の子どもたちの作品を「読み合う」ことを大事にしています。問いが問いを生み、学びが深くなります。そして、子どもが発することばや綴られたものから、その奥にある思いや願い、生活の困難をつかみ、その子どもに寄り添い、子どもに内在する自己発達力に働きかけてきました。

何げない生活の中で、心をふるわせ動かした事実を書き、それを時に「一枚文集」に印刷して読み合う。書いた子の生きている生活や感情・思いが立ち上がってきて、教室の子どもたちに響いていく。そして、心がひらかれ、つながり合う人間関係の中で、自己肯定感とともに、他者理解を育て深めていきます。さらに、本当の思い、自分の生活を書いてみたいという気持ちもふくらみ、学級がより居心地のいい場所になる。ここには学び合いの人間的発達があります。何よりもあなた自身が子どもを好きになります。愛おしくなります。

作文教育は正に「アクティブな、書くこと」の学習活動を含んでいます。本書のどの実践記録からも、「ここに教育あり、これぞアクティブ・ラーニング」と共感を持って読んでもらえるでしょう。そして「こんなことがやりたくて先生になったんだ」と勇気を持って子ども達に向かって歩み出してほしいと願っています。どうぞ手にとり、ご一読ください。

日本作文の会　常任委員会

二〇一六年八月

目次

「書くこと」の授業を豊かに
――作文教育で「アクティブ・ラーニング」の先へ――

日本作文の会編

2章 「書くことの指導」日々の生活の中で

3章 「書くことの単元」授業づくりの工夫

4章「読み合い」のすすめ

5章「生きること」に向きあう

◇執筆者・「作文と教育」誌掲載号一覧

まえがき	「日本作文の会」常任委員会（文責　松下　義一）		
1章①馬場　義伸	（前・大阪府羽曳野市立高鷲南小学校）	2014年　4月号
②西條　昭男	（京都綴方の会）	2016年　2月号
2章①太田　一徹	（北海道作文教育協議会）	2016年　4月号
②安藤　玲子	（高知県いの町吾北小学校）	2014年　4月号
③横山　純子	（元・町田市立鶴川第三小学校）	2012年　4月号
④平川　美和	（北海道滝川市立滝川第一小学校）	2015年　4月号
⑤川添　陽一	（長崎県公立小学校）	2012年　9月号
⑥江口　政孝	（愛知作文の会）	2014年12月号・2015年1月号
⑦金田一清子	（元・東京公立小学校）	2016年　4月号
3章①斎藤　鉄也	（北海道厚岸町立太田小学校）	2014年　7月号
②濵中　一祝	（前・東京都立川市立武蔵野小学校）	2013年　9月号
③上四元徳文	（東京都江戸川区立小学校）	2013年10月号
④山沖　素子	（高知・幡多作文の会）	2012年　7月号
⑤佐藤　保子	（東京・板橋作文の会）	2012年　8月号
⑥瀧　　史子	（山口県岩国市立麻里布小学校）	2014年　9月号
⑦伊藤久美子	（埼玉県公立小学校）	2013年　3月号
⑧米田かおる	（東京都江東区公立小学校）	2016年　7月号
⑨高本　慶子	（前・千葉県市川市立南行徳小学校）	2015年　1月号
⑩保坂　　操	（東京都東村山市立八坂小学校）	2014年　2月号
⑪近藤　　孝	（千葉県立公立小学校）	2015年　3月号
4章①生田目静子	（元・神奈川県川崎市立公立小学校）	2013年　8月号
②関口小夜子	（東京都公立小学校）	2015年　2月号
5章①得丸　浩一	（京都市立西京極小学校）	2015年　5月号
②白木　次男	（前・福島県南相馬市立石神第一小学校）	2016年　4月号

写真協力：長野県大町市立美麻小中学校のみなさん
写真撮影：岡江都志勇

～1章～

いま　作文教育のすすめ

1　書くことっていいね
――表現のある教室へ

馬場　義伸（大阪）

先生聞いて、みんな聞いて

子どもたちの詩や作文を読むことで、教室がちょっと引き締まった空気や、和やかな雰囲気になります。朝の連絡事項が終わった後に読むと、少し騒々しかった教室が一瞬にして静かになり、子どもたちの瞳が読む教師に集まります。読み終わると、今日も一緒に頑張りたくなり、少しいい気分にさせてくれます。

これは、作文教育を永年続けてきた先生の学級だけでなく、新任で初めて作文を書かせて読んだ先生も、「静かに聞いてくれるので、びっくりしました。作文を読むときだけですが、静かになります」と語ってくれます。作文を読むだけで、耳を傾けてきます。ここが作文の持つ魔法の力、魅力だと思います。

いっきのなかよし

一年　いっき

いっきのなかよしを、しょうかいします。やすくんと、れんと、しょうまと、しゅうとくんと、ゆうかと、ちなみと、ゆうとと、ゆうきと、2くみのゆうきと、なおやくんです。あとはるととかおるけど、これがいっきのしんゆうです。

ゆのんは、いっきのしんゆうにいれるのをわすれていました。ゆのんとしゅうとは、いつもいっきにやさしくしてくれます。やすくんとしょうまとれんは、いっきの大しんゆうです。

ちなみは、はしりがはやいです。いっきもかなわないです。

よるどく

二年　さき

前、よるにわたしが弟に本を読んであげました。読んであげたのは、おむすびころりんを読んであげました。

わたしのべんきょうづくえの電気をつけてよんであげました。そしたら弟が、

「おもしろいなあ。」

と小さな声でいいました。

ほんとうにおもしろかったです。またやりたいです。

ごはんをたいた

三年　海月

家でごはんをたきました。

それは、夕方でした。たきおわるのは、七時ぐらいでした。おかあさんとおとうさんは、七時か八時ぐらいです。だからちょうどいい時です。だからおいしくたけました。

食べてみたらすごくおいしかったです。

妹はこわい

四年　足立 利佳子

利佳子が遊びに行って、えんぴつとかもらってまりかに見せたら、いつもこう言う。

「なんで、リーコだけ、こんないいやつばかりもってるん。」

とゆわれたから利佳子は、こう言う。

「だって友だちが、これあげるわってゆわれたから、もらってんやんか。」

ってゆったら、まりかは、お母さんにちくる。ほんならお母さんによばれて、おこられる。

そうして、二階に行く。ほんでまりかに、

「なんでいらんことゆうん。」

ってゆったら、まりかが、

「うるさいな。」

ってゆうから、利佳子がむかついて、へんなことゆったらけんかになった。けんかは、十五分以上かかった。

けんか終わったら、おふろに入って、ごはんを食べて、ゲームをして、知らん顔をしてねて、次の朝、まりかが、

「ごめん。」

ってゆったから、利佳子も、

「ごめん。」

ってゆった。なかなおりになった。

その日は、めちゃくちゃむかついた。次けんかした時は、てかげんしいひん。

おばけ～

五年　大原 勇輝

ある日の夜、子どもたちだけでこわい話をしました。

ぼくとしほは、こわがりだったので、ふとんをかぶっていました。夜9時から始めました。

最初にぼくが言いました。ぼくが言ったのは、「のろいのマンナさん」という話を言いました。でも二人は、ケロッとした顔でぼくを見ていました。つまらなかったのでしょう。

次にしほです。しほのもつまらなくて、次のしおりが言う番になりました。

しおりの言う話は、いつもこわくて、ふとんをかぶっていました。しおりがゆったのは、「かんけり」です。こわくてふとんをかぶりました。

終わったあと、こわくなってすぐにねました。

よっぱらい

六年　稲葉冬馬

お父さんは、お酒をたくさん飲む。お父さんは、すごくよっぱらってからんでくる。

よっぱらっている時に、よくプロレスのわざをかけてくる。

「こうさん。」

と言っているのに、真っ赤な顔でぜんぜんはなしてくれない。

よっぱらい父さんはきらいだ

読み終わらないうちから、作者に尋ねたり自分のことを話しだしたりします。共感の笑いや似た体験のある子は、うなずいたりしています。

質問があるときもあります。私も子どもたちもほっとするひと時です。「先生聞いて、みんな聞いて」の願いに応えて、毎日読んでいます。

作文や表現のある教室をここから

①「お話のある出席調べ」や「朝のスピーチ」

作文はもちろんのこと、他にも子どもたちに表現させる方法は、たくさんあります。朝の出席調べの後に、低学年では「好きな果物や動物の名前」を発表させたり、「朝一緒に登校した人の名前」を言ってもらったりすることもあります。また、日番に「朝のスピーチ」を交代でさせたりもします。日番は、張り切ってスピーチの用意をします。

・えんそくのとき、かたにてんとうむしが　とまった。（ゆうと・六月）

・まえ、ようちえんのころのせんせいにあいにいった。さかきばらせんせいです。ようちえんのなまえは、たかわしみなみようちえんです。（ゆい・十一月）

②文集などから作文や詩を読んであげる

過去に担任した学級で作った文集、同僚にもらった作文や文集、市販されている文集など私たちの周りには子どもたちが書いた作文や詩が沢山あります。私はまず書かせる前に、これらをひとしきり読んであげることにしています。学級で作文が生まれてからも、他の学級の作文を紹介することがあります。

③子どもたちに作文を書かせて読み合う

作文は、題見つけをしてから書かせます。日常的な作文の読み聞かせや授業が次の題見つけにつながっています。しかし、作文を書く一週間ぐらい前に、作文を書く日を予告して、題見つけの授業をします。その時には、何篇か作文を読み、似たような話を語り合います。また、題だけ紹介することもあります。見つけた題を書く用紙を準備して、書けたら貼っていきます。時々、書いた子に「この題はどんな話」と尋ねたり語ってもらったりします。書き始める前は、「作文の時間」の約束をして、思いっきり書いてもらいます。

このようにして生まれた作文を、直に読んだり学級通信や文集にして読んだりしていきます。またその作文で授業をすることもあります。このようなこと以外に、表現を生み出し育てるために、次のようなこともしています。

・絵本を読んであげます。読んだ題名を短冊に書いて教室の壁に貼っていきます。
・文学の授業を楽しんでします。書き込みやワークシートを工夫したりするなどして、子どもたちの読み取りが深まるようにしています。また、その読み取りを交流させています。

これらの取り組みと子どもたちの作文や文学作品の読み取りなどは、通信に載せて学級で読みあい家庭に持ち帰り、家庭で読まれています。私は文集を作ったり、通信は学年末に綴じて製本したりするなどして形に残るようにしています。

作文の授業

子どもたちは、読み合いが大好きです。作者は、その時学級の主人公になれます。作文を拡大コピーして黒板に貼ります。作者が前に出ていすに座って始めます。高学年でも、国語だけでなく学活や道徳などの時間にします。

おふろそうじ

四年　益田　珠子

月・水・金は、自分のおふろそうじの日だ。

まず、おふろにシャワーで水をかけた。これはかんたんだった。次に、せんざいをつけた。はえが一ぴき、ぶ～んと飛んでいたので、はえにもせんざいをつけた。黒いしるがでた。せんざいをつけた後、ちょっとだけ休み、それからおふろそうじをさいかいした。シャワーの水をせん面きにとっておいて、あとでつかおうと思ったので、とっておいた。そしてせんざいをあらいおとした。ここで、さっきとっておいた水をつかう。たわしでこする所にちょっとずつかけて、たわしでこすった。すると、すごくきれいになった。どんどんこすった。おふろがぴかぴかになった。私は、

「ふぅ～。」

と一つ息をはいた。

そして、ぴかぴかのおふろにせんをつけて、ふたをしめて、おふろを、ピッとわかしました。

「おゆはりをします。」

ときかいが音を出しました。

そして、わいたおふろに入った。一番ぶろだったから、すごく気持ちがよかった。


この作文を読み合いした後の、子ども達の一言感想です。
・月・水・金もおふろそうじをしてえらいと思います。私は、一ヶ月に一回ぐらいしかしません。途中の「ふぅ〜」というところがほんの少しのことだけどつかれるほどしてすごいと思いました。すこしずつ流しながらこすりましたのところが、いっしょうけんめいなんだな〜と思います。これからもがんばって下さい。（山根）
・ぼくは言われてしかしないのでえらいと思いました。これからもおふろそうじがんばって下さい。ぼくはおふろそうじをする時は、シャワーで流してスポンジでこするだけです。（鴻村）

作文でつながる

私は、学級作りは一人一人に居場所があり、そして繋がり合うことだと思っています。作文を読み合うことが、自然に学級作りになっています。

①作文が読まれる時は、その子が主人公

通信に作文を載せるのも順番に、作文の授業も順番にします。ただ「この内容の作文を先に読み合いたい」と私が判断した時は、入れ替わることもあります。作文が読まれる時は、作者にスポットが当たり主人公です。作者の暮らしやできごと、思いを知る時です。この繰り返しが、一人一人を学級の主人公にします。

②教師と子どもが、子ども同士が

作文を読み合う中で、子どもたちは少しずつ必ず変わり、つながり、成長します。私もこれまでに何回も実感してきました。私も繰り返し子どもの作文を読むことで、子どものくらしや思い、そして願いを知ることができ理解も深まります。

和輝君の「なべ食べた」の作文を読んだとき、こんなことがありました。

なべ食べた

二年　和輝

12月21日に、なべ食べた。おいしかった。もうすぐ冬休みが来るから、いっぱいなべを食べられるから、冬休みはすきだけど、冬休みのしゅくだいがあるから、ちょっといやだ。

でも冬休みいがいでも、冬ならなべを食べられるから、やっぱり冬はすきだ。だけ

どうちにはストーブがないから、さむい。だからさむいからいやだ。こたつがあれば
いいと、思っている。
このあいだ、おんどが1どやった。さむかった。できれば、今年も雪がつもってほしい。
それにつもったらさむいから、なべが食べられるからつもってほしい。

この作文を読み合った時に米崎さんが、「和樹君の作文は、自転車がこけそうでこけないような作文だ。」と言ってくれました。どうしてそう思うのか尋ねると、「『いやだ』と言いながら『いい』とか『思う』とか書いている。それを何回も書いているのでそう思う。」と話してくれました。そういえば、肯定と否定を繰り返す表現スタイルになっています。いい得ています。
そして子どもたちは、「和樹は、このごろ作文をこんなに書く」と言いました。これは二学期末のできごとです。子どもたちは、お互いの変化や成長に気付きながら繋がっているなと思いました。

③学級と父母が、そして父母同士が

先にも書いたように、学級通信を発行し、学級で読んで家庭に持ち帰らせます。そして保護者のお便りも募集します。保護者のお便りは、事前に何枚か小さなカードを配っておき、書きたい時に書いてもらいます。お便りが届いたら掲載の許可を得て載せます。そのお便りです。

学校にも慣れてきた様で、用意や連絡などを自ら出来る時が多くなった様に思います。学級通信「はないっぱいになあれ」で、子どもたちが話したこと「かわいそうなぞう」の感想などを見て、みんなしっかりした意見や感想を言うことができるので感激しました。（恥ずかしがり屋のお母さん）

保護者は、我が子の成長だけでなく学級全体の子どもたちの様子と成長を応援し見守ってくれるように少しずつ変わっていくと思います。

広げよう作文の輪

通信や文集を発行するのが困難な先生もいるでしょう。その時はやり方を工夫して、「作文を書かせて子どもたちに読んであげる」というシンプルな営みだけでも追及してみてください。

作文教育は、奥は深いですがやり方はそう難しくありません。私の職場では、新任の先生も作文に取り組んでいます。その先生の感想です。

「作文を読んで質問をしたり、上手なところ、好きなところ、その子らしいところを見つけて発表したりする中で、子ども達は互いの気持ちに触れ、良い所を知り、認め合う雰囲気が少しずつ育ちました。授業の最後には、作文を書いた児童宛の手紙を書かせ発表することで、発言する事が苦手な児童の気持ちもみんなで共有してきました。」

私の職場では、学級で生まれた作品を一、二点出し合い、夏の職員研究会で作品研究会をしています。作品の読み方をお互いに学び、子ども理解が深まり楽しいひと時です。また日頃から、文集や作文の載った通信も気軽に交換して、頂いたものを自分の学級で読むこともあります。一年間の最後には、学校文集を作っています。ぜひあなたも、作文を自分の学級から隣の学級へ、学年へ、そして学校に広めてみませんか。

2

自分の思いを自分の言葉で表現できる子どもたちを

――束縛からの自由としての作文教育

西條　昭男（京都）

子どもたちがつらいことやしんどいことを抱え込んでしまって、つらい、しんどいと言えなくなっています。

子どもたちはもともと好奇心いっぱいで、聞いて聞いての存在です。学校現場で毎日子どもたちと接してきた教師たちはそのことを十分知っています。なのに、それが言えず、表現できないとすれば、表現しようとしても表現できないところに今の子どもたちが立たされているからに他なりません。一つは、外的な圧力を受けて自分の考えや思いを自ら封じ込めている故に。もう一つは、自分の言葉で自分の（本当の）思いや考えを表現することを教えられてこなかった故に。

子どもたちに表現の自由を獲得させ、自分の思いを自分の言葉で表現させる教育を本気で実践しなくてはならないときだと思います。そういう教育に今日の困難な時代を生きる子どもたちを救う確かな可能性があると思われるのです。
私はそれを束縛からの自由としての作文教育（生活綴方教育）に期待します。

大笑い、〝まず、安心を〟
「枠にはまったよい子」を量産しない決意

はがぬけた

二年　女児

二十六日の三じ四十一分に、
はがぬけました。
ぬけたとき　すっきりしました。
お母さんに
「おめでとう」
と言ってもらいました。
うれしくてにこにこしました。
ラーメン、うどん、そうめん、
口をにーにして、
はのぬけたところから

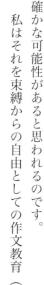

チュルチュルたべるつもりです。

京都のサークルでこの作品が読み上げられたとき、参加者はドッと沸きました。報告者の菱山充恵先生のまぶしいばかりの元気さと相まって、一同の笑いは止まりませんでした。

いつ抜けるか、抜けるかと気にしていたのですね。抜けた瞬間、「今何時？」記念すべき「三じ四十一分」。うれしかったのでしょう。「ラーメン、うどん、そうめん、／口をにーにして／はのぬけたところから／チュルチュルたべるつもり」だそうです。思わず大爆笑。報告する菱山先生がこの作文と女の子をいかにも楽しそうに話します。この作品を取り上げ、報告する感覚（子ども観と作品観）に脱帽です。もちろん、うまく行かなくて困っている話や失敗談満載の報告のなかの一つであることは言うまでもありませんが。

楽しくにぎやかで居心地のいい教室なのでしょう。なんでも書いていいよ。自由と安心の教室から生まれる作品です。読み合えば、みんなにこにこ。自分の歯が抜けた時の自慢話できっと盛り上がったことでしょう。

子どもたちが緊張して行儀よく椅子に座り、いつも先生の言うことをよく聞く「よい子」がほめられ、ケンカしても（納得してなくても）、すぐに「ごめんなさい」「いいよ」と仲直りさせられる（パターン化・儀式化）教室からはこんな作文は生まれないでしょう。息がつまる教室はさようなら。

次の作品はどうでしょうか。

おこられたおふろ

四年　とおる

ぼくは、一日目、おふろはいるじかんになって、おふろのところにいったら、たこやきがいて、おふろにはいってていいのってきいたら、いいんちゃうとゆったので、ぼくとたこやきがはいったら、いっぱいはいってきて、およいでたりしていると、大谷先生がきて、フルチンでおこられました。五、六人ぐらいでおこられました。大谷先生のメガネがくもっていました。メガネをふかはったけど、またくもりました。

ぼくは、フルチンで、一番前にたっていました。おこられたけど、みんなでわらいました。おこられたけど、おもしろかったです。

二日目のよるは、はいっていいと、とくまーるにきいてはいりました。小よくじょうです。五人ではいっていました。きのうのことをおもいだして、またみんなでわらっていました。

おもしろかったです。

宿泊体験「山の家」の思い出を書いた作文。フルチンでおこられた話を他の男子も書いています。はずかしかったけれども面白かった。指導者の京都の得丸浩一先生は言います。「みんなで大笑いしながら読み合います。—まず『安心』をクラスの中に広げることを大切にしたい」

まわりに気を使い、空気を読みながら友だちの間を泳ぎ、仲間から外されないように自己防衛に努めて生活するのは不安で息がつまります。この空間（教室）では、ありのままの自分を出しても大丈夫という安心です。現代の不安を生きる子どもたちに「安心」を拡げる意味は大きいことです。

さらにもう一つ大切な意味があります。恥ずかしいけれど宝物のような子ども世界の体験を読み合い笑い合っているところにその意味があります。現代の子どもたちが奪われつつある子ども性を自分たちが生みだした作文（文化）で取り戻す営みをしているということです。

「何を書いてもよいのです」
子どもの権利としての表現の自由

悲しみ、さびしさ、辛さ、矛盾、不条理などを表現しているか、子どもたち。楽しい、うれしい、がんばると書くだけでなく。

「何でも書きましょう」は単に作文題材の範囲を横に広げるための呼びかけではありません。自己を見つめ、心の奥底にしまいこまれている感情（怒りや不安、イライラ悲しみ寂しさ等）を汲みだしたり、批判精神を呼び覚まそうとする呼びかけです。学級文集の紙面が、常に元気一色、楽しく、みんなやさしく、力を合わせてがんばっている内容で埋められているとすれば、一面的で子どもたちの現実を反映していないとする批判、即ち教師が子どもたちの現実を直視していないとする批判を甘んじて受けなくてはならないでしょう。

心の中にため込んでいる不安や寂しさや辛さ、不条理などを表現する自由を子どもたちは獲得するべきです。子どもの権利として。

①孤独、むなしさ

塾に通う少年の日記があります。

一人ぼっち

四年　男子

学校からかえったら
いつも　だれもいない
かばんをおろして
すぐ　じゅくへ走っていく
バス停でじゅくのバスをまつ
どんどん時間がすぎていく
あーーーひまだ

第64回作文教育研究大会（２０１５年）で京都の星野由美先生が現場からの報告で紹介された詩です。孤独と虚しさ。最後の一行をどう読み解くか。文字通り「ひま」と読み過ごしてしまうわけにはいかないでしょう。「かばんをおろして／すぐ　じゅくへ走っていく」生活がヒマなはずはありません。「あーーーひまだ」。空虚さ、手ごたえのなさ、充実感のなさをため息まじりに吐露しているかのようです。独り言のようであっても、日記を提出するのは先生へ。意識の先には担任の先生がいます。わかってくれよな、先生。

自分の孤独と虚しさを誰にも見せずに平静を装って毎日を生きていくことは辛いことです。しかし、先生に胸の内をそっと届ける（表現）ことができれば、少しは人間的な安らぎを得ることもできるでしょう。受けとめてくれたことを支えにふんばる力も得ることができるかもしれません。

この少年はさびしい、虚しいと信号を送りました。信号の送り先を見つけられたからです。しかし、信号の送り先が見つけられず、発信できずに唇をかんで下を向いている子どもたちも大勢いるはずです。行き場のない子どもたちの信号群がムンムンと充満している発信基地があちらこちらにあるのではないでしょうか。

いつでも傍らにノートがある、書きたいときに書ける、聴いてくれる人がそばにいる、この価値の重さははかりしれないものがあります。

②自由宣言と人間性の開発

次の作品はなんでもよくできるという男子（6年）のもの。

本当の自分

ぼくは言いたいことが言えないことがある
これを言ったらおこられるとか
これを言ったらきらわれるとか
そうやって他人に合わせてる

みんなが笑ってるから笑って
みんなが悲しんでいるから悲しんで
そうやったらきらわれない
でも好かれもしない
そんな自分が大きらい
だからそんな自分はもうやめる
自分がやりたようにやって
本当の自分をみつけたい

この作品を思春期にありがちな自我の葛藤だと一般化する読みには賛成できません。時代と作品を関係付けて読む視点が大切です。書いているのは、いじめが横行し、自殺者まで出し、不登校が蔓延している時代であり、子どもたちが「言いたいことが言えない」閉塞状況にある時代です。「道徳教育」の強化が上から下され、「上からの指示に従順で」「枠にはまったよい子」の言動が良しとされる空気が醸し出され、子どもたちは自分を封じ込め、自分らしく振る舞うことを抑制している時代に書いている作品です。

しかし、子どもたちはそれを仕方ないとあきらめていないことをこの作品が教えてくれています。「そんな自分が大きらい」「そんな自分はもうやめる」。束縛からの自由宣言です。ここに希望があります。

この作品は島田学級（京都府）で生まれたものです。島田敦先生は文集の片隅に数行のコラムを書いています。（昨日は1〜5時間目まで学力テスト。子どもたちはげっそりです。全国一斉なので仕方ないのかもしれませんが、子どもたちがなにかかわいそうでした。最後の方は正直集中が切れている子も何人かいました。おつかれさまでした。）（3連勝でうかれていたら、6連敗…。強いのか弱いのか、今年もあいかわらずの感じやなあ…。もちろん阪神のことです。）教室や子どもたちの前で自然体の島田さんの一端が見えます。それは島田先生の人柄の反映ではありますが、それだけではないはずです。何故なら、有形無形の圧力を受けながら自然体を保つ（自分のスタイルを保つ）のは現代の教師にとって一つの闘いであることを私たちは十分知っているからです。

おじいちゃんのひざ

六年　女子

私が小さいころは
帰ってきたら
おじいちゃんのひざに
すわるのが当たり前だった
おじいちゃんは
いつもにこにこしていて
「おいで」
と言ってくれていた
でも　もう

そのおじいちゃんのひざにはすわれない
病院では
あんなに元気だったのに
おじいちゃんのひざは
とてもあたたかくて
安心する
おじいちゃんのおそう式の後
おじいちゃんの家に行って
おじいちゃんがいつもすわっていた
イスを見つめてみた
やっぱりそこには
おじいちゃんはいない
だけど
おじいちゃんのひざのぬくもりは
絶対わすれない

島田先生のコラムはこうです。（6年前に亡くなった父を思い出しました。この優しい心をずっと持ち続けて下さい。）作品「本当の自分」も「おじいちゃんのひざ」も、こういう先生と子どもたちが和やかに楽しい毎日をすごす教室（―けど、めっちゃ疲れます。）から生まれました。

教師の人間性に触れ、友だちの自由な表現と出会うことで、子どもたちは束縛からの自由を宣言し、優しい人間的な感情を育み、自らの人間性を開発していくのです。

③生きること　あきらめない　希望
—受けとめる人と表現する手段—

悶々と毎日を生きている、ある母子家庭の六年生の女子がいます。同居している祖父母が母親と自分に厳しく、怒号が飛び交う家。母親は仕事に追われ女の子と向き合う時間がありません。学校では友だちと対立し孤立。家にも学校にも「私の居場所はありません」と担任の瀧史子先生（山口）に訴えます。その子が日記に書いた短歌には、

〝ぬくぬくと　くらしてきた　おまえらに
　私のことは　わかるはずない〟

瀧先生がこの子に寄り添い、さまざまな葛藤のドラマを繰り返した後、やがて十二才の少女は日記に書きます。

〝生きること　あきらめないことにした
　生きて生きて　生きぬくことだ〟

学校で孤立し、家でも心が休まることがない12才（思春期）の女の子の心は寄る辺もなく彷徨っていたことでしょう。おそらく先生には甘えと反抗と突っかかりを繰り返し、周りの友だちには斜に構え、無数のトゲトゲを身に付けて生活していたのではないでしょうか。生きていても…、死さえ脳裏をよぎったかも知れず―。しかし、この女の子には訴えを聞いてもらえる人（ねばりづよく寄り添う先生）が存在し、自分の心のありのままを書ける（表現できる）ノートがありました。

訴えを受け止めてもらい、表現して自分と向き合うことを繰り返しながら、絶望の中に希望を見出します。「生きること　あきらめないことにした」

読み合い、学び合う

“あなたは大切な人”

前途の「フルチンでしかられた」作文で「まず、安心を」の得丸さんの教室からはこんな日記が生まれています。

ぼくは必要じゃない人だと思われている。山の家(宿泊学習)のはんでも、き馬戦でも。ぼくはぼくなりに一生けん命してたつもりでも、だんだんこわくなってきて、何も言えなくなってしまう。三年生のときのようにからかわれてクラスのみんなに口を聞いてくれなくなったり、さわるなとか、近づくなと言われたことを思い出すからだ。―(略)

五年　Y

「必要じゃない人だと思われている」と自分の存在否定につながるようなことを易々と書けることものではありません。「こわくなってきて、何も言えなくなってしまう」と自分をそのまま表現しています。日記を提出する教師への信頼と安心の上に書かれたものです。「三年生の時に何があったか知らないし、今となってはそれは重要なこと」ではなく、「重要なのは、Yくんが自分の思いを日記に書いたということです」とする得丸さんは学級でこの日記を読み合います。

クラスの子どもたちは書きます。「一人でずっとこんな事をなやんでいたんだなあ…」「―そんな苦しいことがあるのなら、わたしが助けてあげられるはんいで助けたいです―」「―しゃべった時に、いやと思う言葉を言ったかもしれません」「同じクラスの中に、自分は必要のない人だと思っている人がいたなんて知らなかったから、わかったときには助けてあげたい」「―このクラスは全員必要のある人だ―」等々。Yくんの思いに初めて触れ、心を寄せながら、必要のない人なんていないのだと学び合っていきます。

孤立し、心を固くし「自分なんか…」と辛い思いを抱えている子どもに、「あなたは大切な人なのです」というメッセージを友だちや先生が贈ったのです。「まず、安心を」の教室で。

作文の中にかくされた子どもの思いを汲み取れるか

表現は複雑で奥深いものです。象徴的な作品があります。

運動会！

四年　A子

わたしが心にのこったことは、おべんとうのことです。だれがきていたかというと、いとこと　おばあちゃんと　おじいちゃんと　お母さんと　お父さんと　妹です。何を食べたかというと、おにぎり2こと　ウインナーと　たらこスパゲッティと　たまごやきと　ちくわにきゅうりがはさまってるやつを食べました。おいしかったです。さいごに　なしを食べました。おいしかったです。

「普通に読めば何気ない文章でしたが、そこに彼女の思いがつまっているように感じました」と滋賀の早久間学先生は書いています。A子さんは「虐待の疑いがある」子として報告され、学校では「周りの子を抑圧し、支配している場面がよく見られました」とあります。

運動会の作文。A子さんはダンスを楽しんでいたので「当然ダンスのことを書くと思っていた」のに家族との昼食の時間を書いたのです。ここで早久間さんははっと立ち止まります。A子さんの家族への思いとねがい。日頃から子どもを丸ごととらえ、丁寧につき合っているからこそ働く目であり、たくさんの作文を読み込んできた経験からくる直感です。

A子さんは「この頃から、少しずつ家のことや家族のことを話したり、書いたりするように」なり先生や友だちと新しい関係性を作り出していったとあります。

この作文はただ単に運動会の昼食でだれと何を食べたかということを並べただけの作文ではなく、自分の生活とねがいを綴るものでした。作文の中にかくれているわたしの思いやねがいを汲み取ってよ、先生。そんな信号のような作文だったのです。

作文と教師
——子どもとともに生きる

先生ありがとう

六年　女子

私にかいてくれた　赤ペン
なみだがでるくらいうれしい
本当に
当たり前のことかもしれないが
ひさしぶりだから
こんな　やさしい言葉

（京都子ども詩集＝京都綴方の会編・青笹学級）

孤独の淵にしずんでいるのか、不安や悩みに心が乱れるのか、救いを求める十二才の女の子が書いた日記。その心に寄り添い、真心こめて先生が語りかけました。

出した日記に担任の先生が書いてくれた赤ペンの返事を読む女の子。この詩は、その先生の優しい言葉に心震わせた女の子が赤ペンの返事の後ろに続けて書いたのでしょうか。返事の返事です。

だがこの詩を前にした先生は再び深いため息をつくことになります。――こんなに切なく優しさを渇望していたのか、「先生ありがとう」、そのことばに見合うだけのことを彼女にしてやれているか――。そう自分に問いながら教師の夜はふけていきます。そして教師は考えるのです。「なみだがでるくらい」の思いで自分の赤ペンを読んでいるこの子の瞳が、いきいきと光を放つ明日をどうすればつくれるかーと。

学校・教師の責任と若者の希望

二〇一五年に私たちは改めて憲法とは何かを学び、二〇一六年を迎えています。憲法十三条「すべて国民は、個人として尊重される」とあります。誰かのために生きるのではなく、生かされるのではなく、個人として自由に生きることを尊重されるということです。

学校・教師はどうでしょう。子どもを枠にはめ、束縛していないかが問われます。例えば、超多忙のせいで或いは問題意識の希薄さ故に、道徳教育の内容に批判と吟味を加えることなく、従順な「よい子像」を子どもたちに押し付けてはいないでしょうか。また、「感動体験発表」や「〇分間スピーチ」など、さして感動もしていないのに「感動」と言う言葉を乱発し、「まわりに感謝」し、「がんばります」で締めくくるよい子の発表を当たり前のように聞き入れ、またそのように指導してはいないでしょうか。

束縛からの自由としての作文教育の道は、シールズの若者、高校時代に引きこもり体験を持つ大澤茉実さんの訴えに通じます。

「私はいつのまにか、自分の感覚や感情を頼りに行動することが怖くなっていました。私はことばを自分の中に押し込めて、黙ることを覚えました。—ひたすら教室に、この社会に順応することが普通やと思ってきました」と言う彼女は、困難を生きてきた友だちとの出会いを転機に、路上に立ちマイクを握り、自分のことばで希望と理想と語ります。

「空気を読んでいては空気は変わらない。武器を持ち、人を殺すことが普通の国だと言うなら、私は普通を変えたい」と。

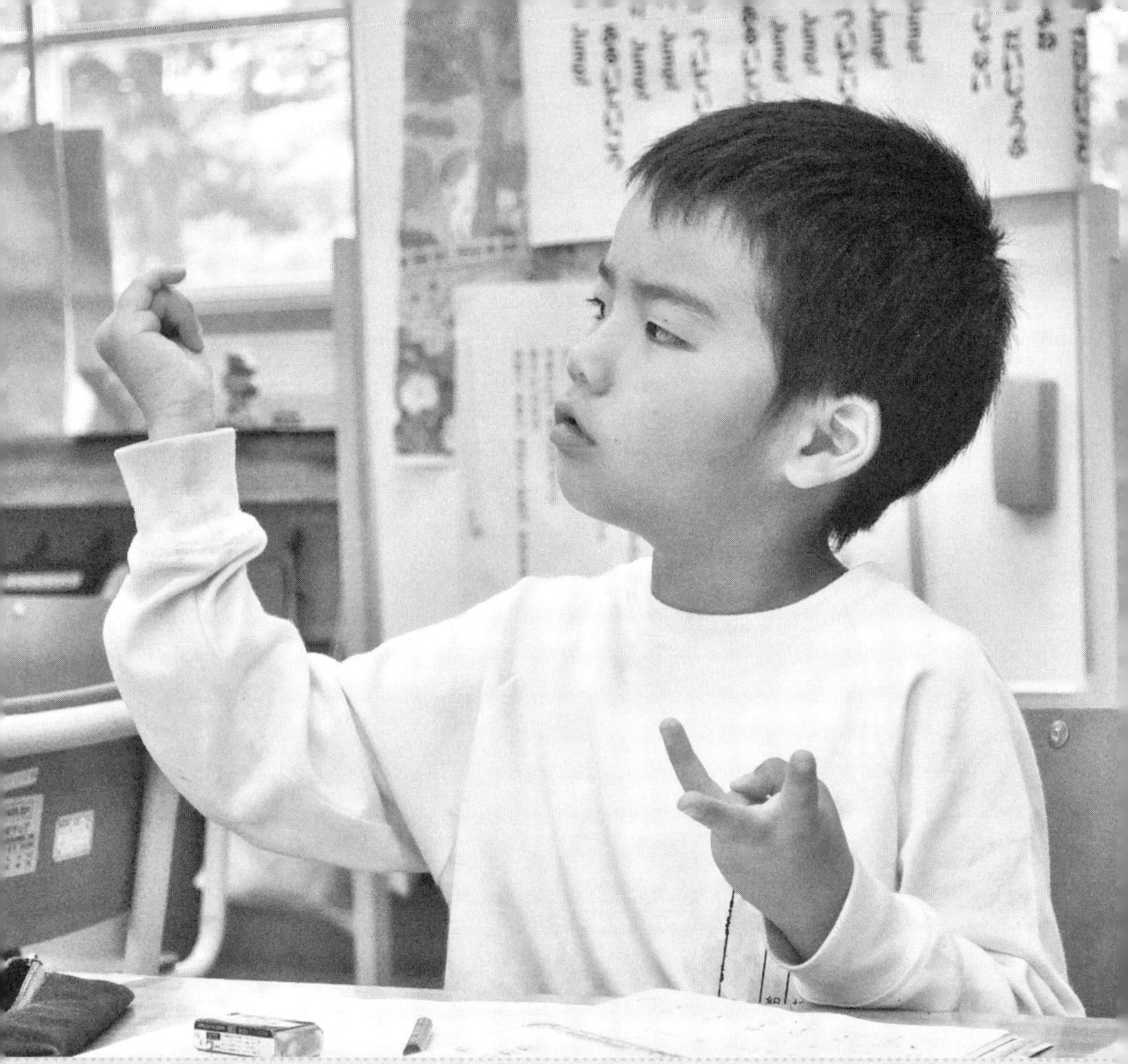

～2章～

「書くことの指導」日々の生活の中で

1 〈日記の魅力〉
日記、この素敵なもの、かけがえのないもの

太田 一徹（北海道）

1 日記は〝元気のもと〟

三十数年の教員生活の中で、唯一続けてきたことがあります。それは日記です。もちろん子どもたちに書いてもらう日記です。

どんなに忙しいときも、どんなに疲れているときでも、日記だけはやめようと思ったことはありません。

いいえ、忙しいときほど、疲れているときほど、子どもたちの書いてくれた日記を読むと元気が出てくるのです。日記は、〝子どもからのラブレター〟、〝元気のもと〟なのです。

そら豆はこわい

かずま

ばんごはんが、ゆでたそら豆でした。ひまだから、そら豆をいれました。一回目はすぐにとれたけど、二回目はぬけなくなりました。母さんが帰ってきました。

（どうしてこんなときに）

と思いました。母さんが、

「ただいま。」

と言いました。ぼくは、

「おかえり。」

と言ったつもりなのに、

「ほはへり。」

と言ってしまいました。母さんが、

「声がへんだね。はなにそら豆いれたでしょ。」

と言いました。

（どうしてわかったんだ。）

と思いました。

そしてぼくは、いたくて、こわくてたまりませんでした。はなから血ができました。

お母さんが、ペンチをもってきて、はなにつっこんでとろうとしたけれど、とれませんでした。

それで、せおおかびょういんに行きました。

かんごふさんに、

「この子、はなにそら豆をいれたんですけれど、とってくれますか。」

と言いました。

「いいですよ。」

と言ってくれ、X線でのぞいて、ピンセットでそら豆をとってくれました。

はな血が出たので、つっぺを作ってくれました。

ぼくは、つっぺをはなに入れて帰りました。

お母さんが、

「もうこんなこと、二どとやるんじゃないよ。」

と言いました。

「うん。」

と言いました。

はなはいたいけど、そら豆がとれてよかったです。


この日記を読んだ瞬間、もうだめ、笑いがとまりません。おかしくておかしくて、おなかが痛くて苦しくなってしまいました。

好奇心いっぱいのかずまくん（二年生）、いろいろなことに興味をもち「どうしてなんだろう？」「どうなってるのかな？」と考えたり調べたりする子なのですが、こんなすごいことがあったんだ。もう、伝えずにはいられません。教室で子どもたちに読み、みんなで大笑い。職員室でもまわりの先生方に読み、大爆笑。

「ひまだから、そら豆をいれました」これが子どもなんだとあらためて子どものすごさ・おもしろさを発見したのです。

教室も職員室も幸せな雰囲気にしてくれる、こんな楽しい日記がでてくるのですから、日記はやめられません。

あったかい日

ともみ

今日みたいな
あったかい日は
かわきたてのふとんの上で
バフッ
とねたい
なんにも考えずに
ずーっとねたい

「わかる！」大人である教師も共感してしまいます。「なんにも考えずに／ずーっとねたい」というところから、日常の忙しさ・煩わしさが伝わってきます。しかし、天気のいい日に、立ち止まってその思いをスカーンと表現してしまったところに、けんかも遊びも勉強も体ごとぶつかっていくともみちゃん（四年）の頼もしさを感じうれしくなります。

2 日記・五つのパワー
―赤ペンは先生からのラブレター―

この、元気をくれる魔法とも思えるほどのアイテム＝日記にはどんな力があるのでしょうか。

私なりに振り返って見ると、次の五つのパワーがあると思います。

①教室では見えない子どもの姿、子どもの生活が見えてくる

②教室では聞こえない子どもの声、子どもの思いを聴かせてくれる

③子どもとの信頼・安心のパイプがつながっていく

～そして水が流れだす。そこにどんな水が流れるかは赤ペンによるのかもしれない。双方向の流れとなって。

④子ども同士のつながりと関わりを生みだしていく

～文集や通信に載り、読み合い、聞き合い、語り合い、考え合う中で、お互いの素敵さを知り、自分の居場所となっていく

⑤キョウシが教師になっていく、自分を教師にさせてくれる

～本当の子どもを見せてくれ、子どもに寄り添い、子どもの現実から出発する実践の方向を指し示してくれる

私に実践といえるものがあるのだとしたら、そのほとんどは子どもたちが書いてくれた日記から生まれました。書いてくれた日記を読み、赤ペンで返事を書き、交流（やりとり）する中で生みだされ育まれてきたのです。

では、その赤ペンとはどのような役割をもっているのでしょうか。

子どもと教師の〝心の交流〟のパイプであり、人間としての信頼とつながりをつくるものなのでしょう。

「子どもの日記（文章）の足りないところを書かせる」ものでも、「文章を上手く書かせる」ためのものでもありません。まして、「教師の思うように子どもを育てる」ためといった一方的なものではないと思うのです。

子どもが自分の生活や思ったこと・感じたことを書いた日記を読み、教師も発見したり驚いたり共感したりした「ありのままの思い」を子どもに返す。子どもは、自分の書き綴った日記を受けとめ返事を

くれたという喜びで、また「書きたい」「伝えたい」という思いを強くする…といった双方向の関係をつくっていく「あたたかさ」と「人間的なねうち」のある、まさに「先生からのラブレター」ともいえる素敵な役割をもっていると思います。

しかし、その書き方は、肩に力を入れずに、思ったとおり感じたとおりに書きましょう。

ふだん教室で子どもたちと話をしているように、「そんなことがあったんだ。おどろいちゃったよ。」「○○ちゃんの、そう感じる心が素敵だね。たいしたもんだよ。」というふうに。

そうした共感を土台に、「その時の気持ち、もっと知りたいなあ。」「どんな顔をしていたのかな。教えてほしいなあ。」と聞くことも。

また、十分に表現しきれていない日記に出会ったときも、まず受けとめて、想像しながら読みとり、豊かに通訳しながら赤ペンを返すことから、素敵な日記の花に育っていくのかもしれませんね。

3 遊び大好きたかひろの日記

四年生のたかひろ君が、次の日記を書いてきてくれました。

妹のたんじょう日

たかひろ

きのうで、妹は三才になった。

妹がローソクの火をけしたら、みんな妹にプレゼントをあげてた。ぼくだけよういができなかった。

ごはんをたべたら、みんなにもらったプレゼントをあけて、妹があきるまであそんであげた。

妹がねるまえ、

「ありがとう」

といってくれた。

ぼくは、とてもうれしかった。

「来年は、ぜったいプレゼントあげるからね。」

とやくそくした。

毎日めいっぱい外で遊び、遠足のときは沼に入ってサンショウウオやオタマジャクシを採るための道具や水槽、着替えも用意してくるといった元気いっぱいなたかひろ君は、遊ぶのが忙しくて、日記を書く暇がなかなかつくれませんでした。

次のように赤ペンを入れ、学級通信に載せ読み合いました。

たあちゃんて、やさしくて最高のお兄ちゃんだね。先生、なみだが出そうになっちゃった。たあちゃんは、プレゼントを「ぼくだけ用意ができなかった」と書いているけれど、「妹があきるまで遊んであげた」ことが、ほかの何よりもすばらしいプレゼントだと思うよ。だから、妹が「ありがとう」って言ったんだと思うよ。ほんとうにステキな兄妹だね。こんなにいい日記書いてくれて、ありがとう！

本当に素敵な日記です。たかひろ君の妹への思い、それを感じとり「ありがとう」と言う三才の妹、なんてステキな兄弟、なんてステキな誕生日なのでしょう。心があたたかくなりました。

いつも外で遊び回る姿だけでは、こんなに細やかな思い・やさしさをもっているということはわからなかったでしょう。

4 ばあちゃんに心を寄せる勇斗の日記

六年生の勇斗君が書いてきた日記です。

10／3 退院　　　　勇斗

きのう、おばあちゃんが退院してきました。退院してきても、体がやせ体力もないので、ごはんも食えなくてかわいそうでした。

でも、元気だけはあるので、ほっとしました。
でも、きずも少しあるので、あまり動けずにいて、「動いたほうがいい」と言われているので、少しでも動こうとしているので、感動しました。

勇斗君は男二人兄弟の兄。小さな頃から父や母と離れ、おばあちゃんと暮らしています。看護師をしながら二人の孫を育てているやさしくも元気なおばあちゃんです。

しかし、この年、おばあちゃんに癌が見つかり大きな手術をすることになりました。

「今日、ばあちゃんの手術だね。」というと、口数の少ない彼は、「ああ」と言うだけ。

これは退院してきた翌日に書いた日記です。友だちや周りの人には、ばあちゃんの手術のことはほとんど話さなかった勇斗君でしたが、退院を心待ちにしていて、帰ってきたばあちゃんを気遣う十二歳男子のやさしさが伝わってきます。

ちょうどその頃、学習発表会の劇に取り組んでいました。

10／9「はだしのゲン」を観て

勇斗

今日、「はだしのゲン」を観てみて、戦争はどんなことがあってもしてはいけず、どんなことがあろうと核兵器を使ってはいけない。核兵器を使えば、多くの人が死に、一つの核兵器で多くの人が悲しむので、核兵器は使ってはいけないと思いました。

(中略)

ゲンは、とても親孝行なのですごく感動しました。

おばあちゃんの退院から一週間後、この日記は書かれました。最後の二行に彼の思いを感じます。

この二か月余りで感じたおばあちゃんの大切さ、そして一緒に暮らせない母親への思い。

『はだしのゲン』の映画を観て、勇斗君が心動かされたという二行に、思春期の彼の心の内が綴られているように思いました。

5 心をひらき、自分を語る美侑の日記

四年生を受け持って初めての〝朝の読書〟で、『いじめ』という本を読んでいたのが美侑さんでした。

背が高く、落ち着いていて、しっかりした感じの女の子です。授業中もまじめで発言も少なくない方でしたので、学級の中心になってもらいたいと考えていました。

二学期に入った九月、その彼女から次の日記が届いたのです。

今の自分

美侑

私は、どこにいても一人でなにをしていいかもわからない。みんなには、〝いい子〟〝頭いいね〟っていわれるけど、そんな〝いい子〟っていわれるそんな自分が好きになれない。

勉強の時でも、できるかなってふあんになったり、たまに一人ぼっちでさみしいなって、そんな自分が思うように生きられない自分がもどかしくてしょうがなくて、どうやったらみんなにみとめてもらえるんだろう、どうやったらすなおになれるんだろうと毎日考えていても自分の答えが見つからないんだけど、先生や親にいおうかなって思ってたんだけど、いいづらくて…、それで日記にかこうと思いました。

日記を読んで驚いてしまいました。美侑さんがこんなふうに感じ、悩んでいたのかと。すぐに赤ペンで返事を書きました。

みゆうちゃん、正直に自分の気持ちを書いてきてくれてありがとう！　先生はみゆうのことが好きだ

よ。でもそれは、いい子だからとか、頭がいいからではないよ。みゆうはなやんだり、考えたりしながら、一生けんめいいきているからだよ。勉強時間も、わからない時は「わからない～」と言うし、わかった時は「あっそっか～。わかった気がする～」と言ったり、自分を正直に出しているところがいいなあと思っているんだよ。

ただ、一人ぼっちでさみしいと思うことがあるなんて知らなかったよ。みゆうの気持ちわからなくてごめんね。

でも、みゆうちゃん。人はだれでも思うようには生きていけないものだよ。先生だって子どもたちみんなと（もっと仲よく楽しく授業したい）と思いながら、おこりすぎちゃって、（失敗したな。もっと明るくわかりやすく話せばよかった）と落ちこんだりしているんだよ。子どもも大人も同じだよ。きっとみゆうちゃんのように考えたりなやんだりしている人（4の1の子）も多いと思うよ。

友だちと話せるようになるといいね。それまでは、こまった時、なやんだ時には先生に相談して。日記に書いてきてもいいし、直接話してくれてもいいよ。答えはどこかにあるものではないと思うよ。もしかしたら、その答えを見つけるために生きているのかもしれないね。

みゆうはみゆうで、今のままのみゆうでいいんだよ。また、日記に書いてきてね。

受け持った始めの頃、「保育園の時にいつもいじめられていた」こと、「三年生まで友だちがいなく、今もうちに帰ると一人で本を読んで、母親の帰宅を待って過ごしている」ということを聞いていました。

しかし、二学期の始めころから放課後友だちと公園で走り回って遊ぶ日記が少しずつ書かれ始めました。よかったなと思い、ほっとしていた矢先の日記でした。

でも、少し考えてみると、美侑さんは自分の中で友だちと遊べるようになってくることで、私との日記でも心をひらいて本音を書けるようになったのかもしれません。何よりも、ここまで自分を見つめ、自分の思いを表現してくれたことは、私にとっては、うれしくありがたいことでした。

その後、悩み相談の日記も時折ありましたが、学級の中で次第に自分を出すようになってきました。

ケンカやトラブルが起きたときには、自分の考えを言い、時には自分の保育園の時のいじめられた経験も話しながら、される方の辛さを伝えていきました。

私と美侑さんとの見えないパイプがつながり、学級の子どもたちにも広がり始めたように思いました。

6 〝にんじんにかった〟せいじの日記

せいじ君は三年生。話をする時に吃ってしまいます。まわりの子どもたちも本人も、それほど気にしている様子はないのですが、今一つ小さな壁があるように思われました。お母さんの話では、一・二年生の頃から、まわりの子としっくりいかないことが多かったらしいのです。

〝何とか彼の心を開きたい、子どもたちとの距離を縮めたい〟そう考えていたある日の給食時間—。「せいじ、がんばれ！　せいじ、がんばれ！」というみんなの大合唱の中、今まで全く食べられなかったニンジンを全て食べきるという出来事がおきたのです。みんなの応援の中で、自分とたたかいながら、ついに食べきった。しかもそのことをみんなが喜んでくれた。せいじ君の生きてきた八年間の〝人生〟では経験したことのない大事件だったのでしょう。

彼は日記に書いてきました。

3年1組のみんなありがとう

せいじ

きゅうしょくをたべた。

さいご　にんじんとごはんつぶがのこった。

もどそうとしたら、

「これぐらいたべれよー。」

と言った。

どうしようかなあ。

その時
ようすけくんが
「せいじ　がんばれ」

大きい声で言った。

みんなも言った。

「がんばれー」

どうしよう。

一人なら　たべる気もちはないけれど
たべよう
ぼくは、オレンジ色がきらいなだけだ。

にんじんを
「がぶっ」

ぼくは、げっぷをしながらいっきでたべた。

「わーい」

「よくやったな」

みんながはげましてくれた。

にんじんに　かったようだ。

ぼくは、スッキリしてうれしかった。

こんなことでも　うれしくなるんだなー
とおもった。


日記帳を開くと、それはいつもと違っていました。書かれている文字は、大きく、濃く、勢いのある堂々としたものでした。喜びと自信が伝わってきます。きっと、鉛筆を握る手に力が入っていたのでしょう。

読んでみて、さらに驚きうれしくなりました。「もどそう」とした時、「これぐらいたべれよー」と言われ、迷うせいじ君。家ではどんなに小さく刻んだニンジンも、皿の隅によけ、食べたことがないのだから。しかし、ようすけ君の声が、みんなの「がんばれ」コールに広がり、迷いながらも決心します。「ぼくは、オレンジ色がきらいなだけだ」と自分に言い聞かせ、「いっきでたべた」すると、みんなが喜んでくれた。自分のがんばりを認めてくれたのです。

教室が一つになり、せいじ君とみんなの心が一つになった瞬間でした。

「こんなことでも　うれしくなるんだなあ」―感動であり、喜びであり、人間の新しい発見だったのだと思うのです。

「にんじんに　かったようだ」―それは、〝自分にかった〟のであり、その力は、みんなからもらったのではないでしょうか。

彼が「スッキリしてうれしかった」のは、ニンジンが食べられたこととともに、自分を応援してくれるみんなの気持ちに「食べる」というがんばりで応えられたということなのでしょう。

「3年1組のみんなありがとう」

日記の題名に、これを選んだ彼の思いは、この時、もう心の壁を溶かし始めていたように思いました。

この場面は、ほかの子どもたちの日記にも書かれ、せいじ君のがんばりを讃えてくれました。

7 さあ、今こそ日記はじめましょう

宿題、塾、習い事、少年団活動等、今、子どもたちは時間に追われ、ゲームやＬＩＮＥに追われています。教師は、時数に追われ進度に追われ、宿題のまるつけ、雑務に追われています。

自分が自分でいられる時間、自分と向き合う時間が、子どもも教師も奪われています。日記を書くとき、子どもは一人になり自分の生活を振り返っては書き、書きながら思い巡らしていきます。赤ペンを書くとき、教師は一人の教師、一人の人間としてその日記を受けとめ、その子に向けて返事を書きます。

日記は、子どもも教師も、自分が自分になれる時間を取りもどすことを保障してくれるのではないでしょうか。

子どもが見える、心が見える、仲よくなれる・つながれる…そんなおもしろい、ステキな日記、はじめてみませんか！

2 〈詩を書く〉

詩でひらくほとばしる言葉・子どもの心

安藤　玲子（高知）

1　詩のある教室を

どの学年、どの学級を担任しても、詩に限らず、日記や作文をはじめ、いろいろな「書くこと」を大切に実践していくことは変わりません。それは、わたしたちの目指すところが、詩人や作家を育てることでも素晴らしい作品を生み出すことでもなく、「書くこと」を通して生活を見る目を養い、考え学ぶ力を高め、生きる力を育てるところにあるからです。

書くためには、「何でも書ける」「何を書いても受け止めてくれる」と安心して表現できる学級作りが必要です。お互いの表現を読み合い理解を深めていくことが安心を生み、本音が出せる学級を作ることにつながると思っています。

「こんなことを書いたら笑われるんじゃないか」「こんな自分は見せたくない」とガードするのではなく、ありのままが書けるような学級集団のなかで安心して表現させてやりたいと考えています。

①詩と出合う

子どもと詩との出合いは、教科書の教材ということが多いだろうと思います。しかし、それは、ほとんどの場合、大人の詩との出合いです。そこで、子どもが書いた「児童詩」との出合いを意識的に作っていきます。

高知県には四十年間毎年発行される「高知県こども詩集・やまもも」があります。その中から、学級の子どもたちが共感しながら読めそうなものを中心に選びます。一緒に読んでいると、くすくすと笑いがもれたり、うんうんとうなずく姿があったり、友だちと顔を見合わせたりするようすが見られます。「詩っておもしろいなあ。」と感じてもらえたら、それでいいと思っています。

子どもに紹介したい詩は、色画用紙に書き写しておくと、必要なときに掲示できて便利です。ストックしておいて子どもたちの実態や授業の内容に合わせて活用しています。

②詩をどんどん読む

「やまもも」は、学級文庫に入れて、いつでも読めるようにしておきます。そして、気に入った詩があったら教えてくれるように言っておきます。すると、一人二人と、「これ、おもしろい。」「この詩、感動する。」などと教えてくれる子どもが現れます。それを朝の会や帰りの会で紹介したり、書き写して「○○さんが見つけた詩」として掲示したりします。詩は短い時間でも読めるのがメリットです。テストの後や課題が早く終わった後などのちょっとした時間にも活用できます。

また、自由に読むだけでなく、一斉に読む時間も設けます。いろいろな作品を読むことで、「詩には、こんなことが書けるんだ。」「こんなことも書いていいんだ。」ということがわかってもらえます。さらに、「詩とは?」という理屈ではなく、その表現の特徴をつかむのにも有効な過程になります。

③好きな詩を見つける

子どもたちは付箋を三枚持って「やまもも」の中から気に入った詩に貼り、後で紹介し合います。グループで紹介し合って、その中から「みんなに読んでほしい詩」を一つ選び理由と共に発表してもらいます。詩を選ぶ観点は興味・関心や共感が多く、その詩について話し合う過程は、自分について語ったり友だちについての理解が広がったりする場にもなります。「やまもも」に貼った付箋はあえて残しておきます。手にした別の子どもがその付箋を目安に読んだり、知っている人の付箋を見つけて共感したりする姿も見られるからです。

④声に出して読む

学校では、学校行事や集会、訪問先での発表など、出し物が必要なことがけっこう多いものです。その中にも詩を取り入れます。自分が好きな詩を選び、その詩を選んだ子ども同士で工夫して読むようにします。動きを加えたり、分担して読んだり、小道具を使ったりと、ちょっとした工夫でその詩の世界が広がります。また、繰り返し練習するうちに、詩のもつリズムも感じ取ることができるようです。

方言もそのままに書かれた「やまもも」の詩は、声に出して読むことで、よりいきいきとしてきます。それをみんなで味わうことができ、子どもたちにも、聞いてくれた人にも好評です。

2 詩を書きたいね

①でも、焦らないで

さあ、いよいよ詩を書きたいところですが、高知県の生活綴方の大先輩、和田延穂先生は、いつも「書くことを焦るな」ということを言われました。宿題にして書いて来させることも戒められました。子どもの心を耕したうえで、じっくりと言葉を紡ぐことを大事にするよう教わりました。

書く前には、「家族と一緒にしたことを詩に書こう」「先生にどうしても言いたいことを詩に書こう」「○○をよく見て詩に書こう」などのテーマにそった作品を選び、掲示したり印刷したりして読み合います。「ここが好き。」「この気持ち、わかる、わかる。」「そういうことは自分にもあるある。」と読み合うことを通して、「先生、もう書ける。早く書きたい。」という思いになるのを待って、書く時間をとるようにしていきます。

②題材集め

いきなり書こうとすると悩んでしまう子どもも多く、個々への対応が十分できないので、参考作品を読む授業の後、一週間程度、題材集めをします。このとき、低学年では、笑顔の「にこちゃん」、怒った「むっちゃん」などのキャラクターが活躍します。

それまでにいろいろな題材で日記や詩を書く学習を重ねてきた子どもたちには、個人のワークシートを用意します。

しかし、生活経験が少ない、あまり書くことを経験していないなど指導を要する場合は、共同で題材集めをすることもあります。めいめいが見つけた題材を付箋に書いて、大きな題材表に貼り集めていき

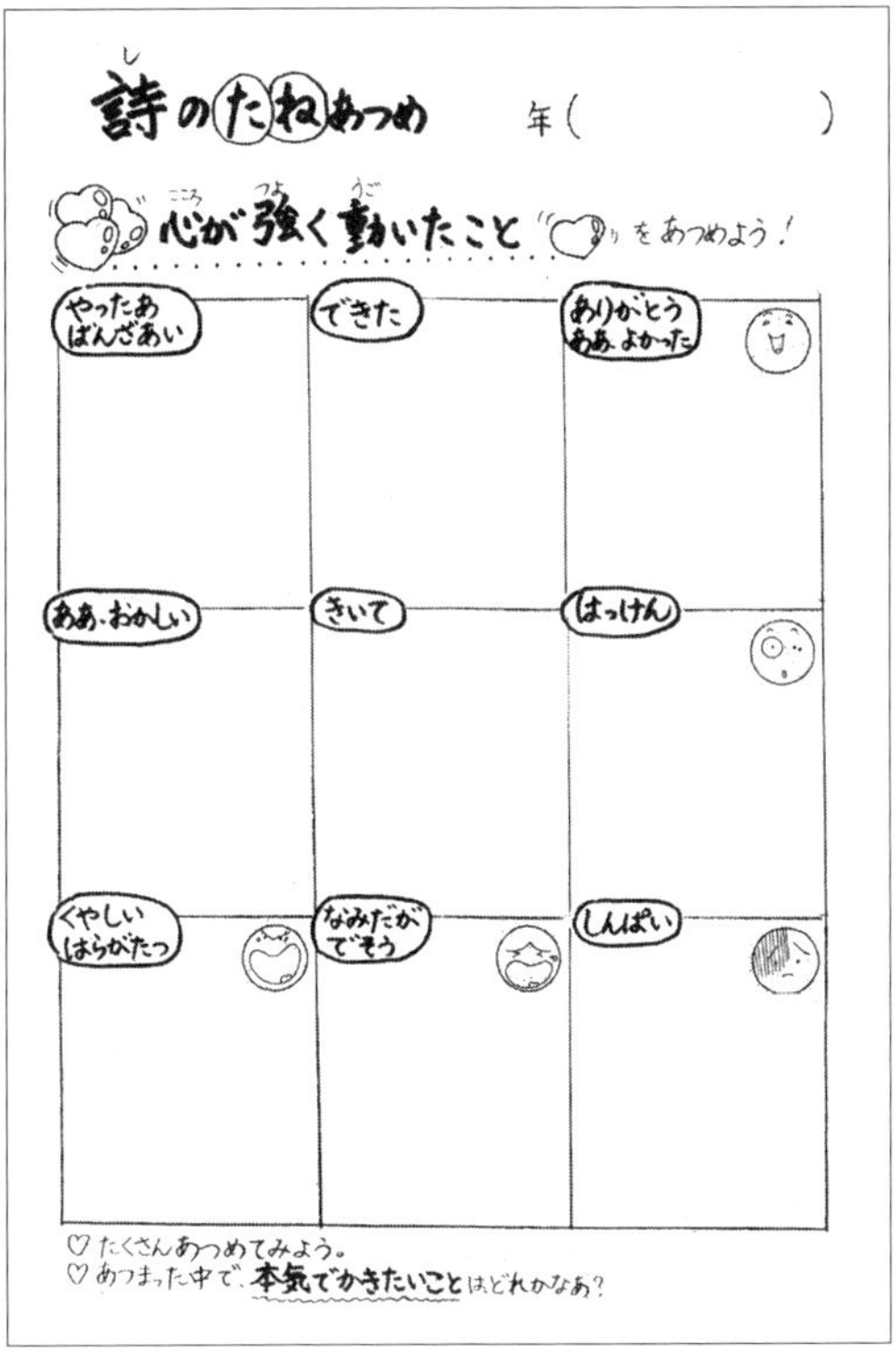

ます。友だちの付箋なども参考にして題材を見つけることができるため、書くことがないと困ることもなくなります。

3 詩を書こう

書きなれてくると自由に題材を選んで書かせていきますが、最初は一時間の授業で一緒に書いていきます。

○集めた題材の中から書くことを選ぶ。
○「いちばん書きたいこと（感動の中心）」を決める。
○詩を書く。
○声に出して読んでみて、必要なら手直しをする。

書くことが決まらない子どもとは題材表や日記帳などを手がかりに対話し、子どもの思いをくみ取っていきます。

書くときのポイントは、「一つのこと」を「したとおり、見たとおり、思ったとおり」ということです。

映像を撮られることに慣れている子どもたちは、「詩は、ビデオじゃなくて『写真』のように」というと場面の切り取りをイメージしやすいようです。

ぼくのにっき　出してよ

一年　たいし

先生、
「びっくりめ」の手がみに
にっき　出してよ。
ぼくのにっきが
あんまり　出やせんで。
どうして、みんなのばっかり出すがよ。
また、けいたくんのや。
つぎのも、みくちゃんのや。
もう　どうしてよ。
どうして、ぼくのが　出んがやろう。
くわしく　かきゆうのに。
先生、わすれてない。

これは、「先生に言いたいこと」を題材にして書いたものです。学級通信に自分の日記が載るのを心待ちにしているたいしさんの要求がいつもの口調で書かれています。お願いを書いた子どもが多いなかで、自分の訴えをズバリと書いたところがすてきです。

また　わすれた

一年　けいた

学校に
おかあさんの車で　行きよったら、
けいたいが　なった。
おとうさんだった。
「けいた、
ランドセル　わすれちゅうで。」
って　いうた。
うしろを見た。
おにいちゃんのランドセルだけ　あった。
「また　わすれた。」
いそいじょったき　わすれた。
先しゅう　わすれたばっかりやのに、
また　わすれた。
こんどは、あんまり　なかんかった。
おかあさんが、
「けいたは、
ランドセルわすれても　へい気やね。」
って　いうた。
二かいも　ランドセルわすれて
へい気じゃない。
あしたから、
せおう　ばしょへ
ぜったい　おいちょく。

三人兄弟の末っ子で、おっとりしているけいたさん。この前の週にもランドセルなしで登校して大泣きしたところだったのに、また同じ失敗をしてしまいました。片道二十キロ以上の山道を通学しているので、取りに帰るわけにもいきません。仕方なくあきらめただけで、「平気なわけないだろう。」という一年生なりの主張がかわいいなあと思いました。

うりぼうの親子

三年　はな

うりぼうを見た。
みきちゃんの家の近くを走っていた。
足が細かった。
耳が小さくて、口が大きかった。
ずっと前を向いて、
一直線に走っていた。
「なんであんなに急ぎゆうがよ。」
その先をよく見たら、
こげ茶色のいのししがいた。
いのししが頭を下げて、
うりぼうはちょっとせのびをしていた。
ほっぺすりすりをしていた。
幸せそうな目をしていた。
お母さんが、
「お帰り。」
って言いゆうがかな。

山間部の学校で、野生動物に出会ったという話は珍しくないのですが、はなさんは、急ぎ足で親のもとに向かい甘えるうり坊の様子を、自分のことのようにじいっと見守っています。その優しいまなざしに、ほっとさせられます。

4　詩を読み合う

子どもたちが「書いてよかった」という思いをもてるようにするには、書いた後の指導も大切です。わたしはいろいろな方法で読み合います。

①授業で読み合う

鑑賞の経験が少ない場合は、一、二点をみんなで音読したり感想を話し合ったりします。何度か読み合った後なら、作品を友だちと交換して読み合います。

詩集や文詩集にまとめたときには、感想を付箋に書いて渡すようにします。フリーページを設けておき、そこに貼るようにしています。友だちからのコメントを読む顔が満足そうです。

また、色画用紙に詩を清書し、余白に絵を描いたり色紙などで飾り付けたりして作品として仕上げ、教室などに展示し、そこに感想を貼っていきます。参観日などを活用して読んでもらうこともあります。

②学級通信などで読み合う

作品としての完成度より、担任だからこそ評価できるその子らしいもの、ほのぼのとしたもの、ちょっと意外な一面が見られるものなど、その子どもがその詩を書いたことに値打ちがあるものを選んで紹介しています。学級通信を帰りの会で配り始めると、さあっと静かになります。友だちの作品を目で追いながら、くすっと笑ったり、顔を覗き込んだりしています。紹介された子どもも、照れながらもとてもうれしそうです。みんなの心がふわあっと温かくなるひと時です。

じいちゃんの　おせわ

一年　わかな

じいちゃんに、
ごはんを　たべらしました。
わたしは、いつも　こぼしてばかりです。
「口をあけて。」
いっぱい入れたら　こぼすき、
ちょびっと　すくいました。
たまごごはんと、サラダを　たべらしました。
こぼさず　たべらしました。
じいちゃんが、
「たべやすかったよ。」
と　ほめてくれました。
じいちゃんの口のまわりを　ふきました。

ごはんのかたづけをして、
じいちゃんのあたまを　くしでかきました。
おむつをかえるのを　手つだいました。
もうふをきせて、
じいちゃんのそばで　ねました。

「お母さんに会いたい。」と毎日のようにわたしのそばへ来ては泣いていたわかなさんが、家族の一員として健気におじいさんのお世話をしているようすが伝わり、その成長を感じたことでした。

親も家庭で子どもと一緒に読んでくれ、わが子はもちろん、学級のみんなを温かく見守ってくれるようになります。そして、こんな返信が返ってきます。

○ステキな詩がたくさんできたのを笑いながら読みました。子どもの発想とストレートな気持ちが伝わります。

○子どもの目から見たこと、不思議だなあと思ったこと、私たちが何も思わずに見ていることなど、とっても新鮮に思えました。いろいろなお友だちの詩を子どもと読んだり、子どもの素直な気持ちを知ったりすることって、ほのぼのとした親子関係が生まれていいですね。

返信も学級通信で紹介すると、また別の声が届き、子どもと親の輪が広がっていきます。自分の作品をみんなに読んでもらえたことで子どもは「また今度も」と張り切って書きます。こうした読み合いを通して、子どもたちも親もつながり合っていきます。そういう安心できる学級集団の中で、また本音で書かれた詩が生まれ、互いへの理解もさらに深まっていきます。

書くことと読み合うことを連動させた営みを大切にしながら、日々の歩みを続けたいと思っています。

3 〈新しいクラス・初めての授業〉
始業式の日、心が一番動いたことを

横山　純子（東京）

1 作文を書く前に

四月、始業式が近づいて来ると、教師もそうですが、子どもたちも新しい学年になる期待・喜びや不安が押し寄せ、心落ち着かない日々を過ごします。そして、いよいよ迎えた始業式。クラス替え・新任教師紹介・担任発表・靴箱の位置・教室が変わったなど心が動いたことがたくさん起こります。

私は、始業式の次の日に、『始業式の日のことで心が動いたことを書きましょう。』『○年生になった日』『○年生になったなあと思ったことを詩または、作文で書きましょう。』という題で作文指導を始めます。

作文を書く前に

『○年生になった日』と板書します。（この題は、受け持ったクラスの状況で変わります。）

次に、

1、朝起きた時に思ったこと

2、家族と話したこと
3、朝、友だちと学校に来る時に話したこと
4、クラス替えの名簿をもらった時
5、始業式のこと、担任発表
6、担任との出会い
7、友だちと帰る時
8、帰って家族と話したこと
9、〇年生だなあと思ったこと
（4、5、6は、クラス替えがなかったら、やめる。担任だけ変わったときは、6は入れてもいい。持ち上がりのときは、9番を重点に）

と、板書します。そして、

「1で覚えていることがある人。」

と、聞いていきます。
・「クラス替えで仲の良い友だちと離されるかなあ。と、お母さんに話した。」
・「担任の先生は、だれだろうと家族で話した。」
などと子どもたちと話し合いながら9番まで話し合います。（そのときの出来事で、よく覚えていることが、一番心がうごいたできごとだよ。）と、指導した後、

「自分の心が一番動いたことを選んでみましょう。」

と、問いかけます。こどもたちは、

「1、4、6、7かな。」「4、8かな。」などと、心が動いた出来事を思い出しながら決めていきました。

多くの子が、書きたい出来事が決められたら、つぎに、参考作品を読みます。参考作品を読むことで、書き方を掴むこともできます。内容としては、私のことを否定的に書いてある作品を選びます。作文は、想いを正直に書くことが大事なことを知ってほしいからです。

参考作品（クラス替えのあった学年）

五年生になった日

まゆ

朝、友だちと学校へ向かった。学校へ着いたら、

前にクラスの人たちが集まってバスケットボールをやっていた。私も入れてもらった。

何十分かたって、岸先生が、

「新五年生来てください。」

と、言ってた。だから、わたしは、岸先生の方へ向かった。そしたら、先生が名簿を配っていた。さっそくもらった。一番最初は、なぜか一番の友だちをさがしてしまった。そして、その子を見つけた。だけど、そのクラスには、私はいなかった。見た時、がっくりした。なんだかおおげさだけど、人生が終わったと思った。もう、かえられないから、がっくりしたけどしょうがないと思った。

次は、先生だと思って張り切った。新しい先生がならんでいた。新しい先生が一言ずつ話す番になった。一人、二人と先生が話していった。次に、男の先生が朝礼台の上に立った。自こしょうかいで、その先生は、

「ニューヨークに三年間行って帰ってきました。」

と、いったとたん、私のクラスの人が、

「すごい。」

といった。私も思わず、

「すごい。」

と、いってしまった。みんなは、

「あの先生がいいなあ。」

と、言っていて、私も、

「あの先生がいいなあ。」

と、言った。つぎは、みんなのクラスの先生発表だ。

校長先生が、

「五年一組は、横山純子先生です。」

と、いった。はっきりその時思ったのは、また女の先生かあです。横山先生はいいけど、女の先生だったからすこしいやでした。

その次、二組の先生はだれだろうと思った。そしたら、まさかまさかのあの先生だった。本当にがっかりした。なんだかまた思った。（人生最悪、急こう下。）と、頭の中がよぎった。次は、

男の先生がいいなあと思った。これから一年がんばろうと思った。

この作品を私が読み始めると、子どもたちは、私の反応を窺いちらちらと私を見ます。「かわいそう。」「そこまで言っていいのかよ。」などとつぶやく子もいます。読み終わるとすかさず板書します。『作文を書く時は、自分の思いを正直に書きましょう。』と。正直に書いたことで怒ることはしないことも話します。

2 事実を順序よく思い出しながら

次に、事実を思い出して書くことを指導します。事実とは、見たことは見たとおり、言ったことは言った通り、聞いたことは聞いた通り、思ったことは思った通り、それから、どうしたっけと良く思い出して書こうと簡単に指導します。

書くこと・書き方の指導が終わりましたので、用紙を配ります。用紙は、私は、B４の紙に罫線を引いたものを使用します。マスに一字ずつ入れる作業は、書きたいことがあると、書くスピードと想いがずれて苦痛になると、先輩教師に言われ、その通りだと思ったからです。配ったら、静かに子どもたちの間を回り、書けない子がいたら話をして、書きたい気持ちにします。一行目で躓く子が多いので注意してみていきます。書き終わった子どもから提出させます。

作品は、プリントして読み合います。作品は、短くても気持ちが表現されているもの、事実が順序良く書かれているもの、その子らしさの表れているものなどを選びます。

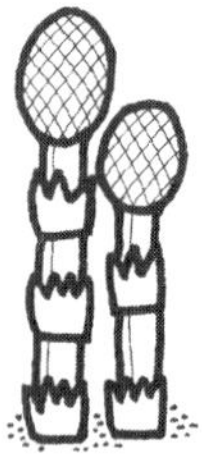

作品（クラス替えのあった学年の作品）

三年生になった日

ゆうたろう

朝おきて、クラスがどうなるかドキドキした。ままに
「みつきくんといっしょになりたい。」

と、話した。ままが、

「ぜったいはなれるよ。」

と、いった。はなれるのがいやだから、いやなきぶんになった。

学校で、とみおか先生から紙をもらって、ドキドキしながら、上から下に見ていったら、みつきくんといっしょになっていた。うれしくなって、いつのまにかさけんでいた。

先生がよこやまじゅんこ先生ときいて（だれだろう。）と、思った。先生を見たとき、おもしろい先生だとおもった。

学校から帰るときは、みつきくんといっしょにかえった。みつきくんちいっしょになれてよかった。


ゆうたろう君のこの日の関心事は、みつきくんと一緒のクラスになれるかどうかだったことがよくわかります。「仲良しの友だちと同じクラスでよかったね。」と、彼と話ができます。想いが伝わる作品です。

作品（クラス替えはないが、担任が変わったクラスの作品）

四年生になった日

こうき

ぼくは、春休みがあとちょっとしかなかったので先生がだれかドキドキしました。休みがおわりました。学校に行ったら、もっとドキドキしました。さいしょ、せんせいがだれかたのし

みでした。それでこうちょうせんせいがかわっちゃうときいてびっくりしました。あたらしい先生が、十二人きたときいてびっくりしました。ちず子先生がよかったんだけど、ちがう先生でした。さいしょがっかりしたけどちがう先生もいい先生でした。四年二組でよかったと思いました。横山先生は、さいしょこわいと思っていました。きょうしつで話したらやさしかったです。

こうき君は、始業式で話をしっかり聞いていたことが分かります。彼には、「話の聞き方上手ね。」と、声を掛けられます。作品から、たくさんの想いや、その子の性格までを読みとれるのです。

作品（持ち上がったクラス）

かさたて

ひろき

ゴトン。
六の一と書かれた
かさたてに
かさをいれた。
（あっ、もう六年生か。）
そのとき、自分が
五年生よりも
えらくなった気がした。

一しゅんの出き事

だいじゅ

今、新一年生が
この学校に
一年生になることを
うれしそうな顔をしながら来た。

そして、ぼくたちは、
新しい六年生になった。
六年生になるのは、
こんなに早いんだ。

これは「六年生になったんだなあと思った出来事を詩か作文で書こう」という指導のなかで生まれました。想いが起こる瞬間を表すには、詩の方が適しています。子どもたちが、どんなときに『最高学年だ』と、思ったか話していたのを聞いて、詩でも作文でもいいよ。といったのですが、おもしろかったです。男の子は、ほとんどの子が、詩を選びました。女の子は、入学式で、一年生のお世話をしたときのことを作文に書く子が多かったです。

3 つながりが生まれる教室へ

始業式の日には、心が動く出来事がたくさん起きます。一斉指導をするには、格好の題材だと思います。題材（書くこと）が見つからないという子が少ないからです。

また教師側からすると、出会った子どもたちにこれからどんなことを指導していけばいいかという課題が分かります。なにより、作文には、自分の気持ちを正直に書くことを、出会って直ぐ分かってもらえるのです。それは、一つの信頼関係を創ることにもなると思います。

出会いの日を綴った作品を読むことで、教師は、作者と秘密の会話ができます。クラスで読み合うと、作者の思いを共有し合います。今までと違う作者の一面を見つけ、『○○くんはこういう人』と固定的に見ていたレッテルをはがすこともできます。

子ども同士のつながりを創り、教師と子どもをつなげる作文教育を出会いの日から始めてみませんか。

④〈一年生の入門期〉

書きたくなる気持ちを引き出しながら

平川　美和（北海道）

1　「あのね」の時間

入学式。良い子で頑張ろうと、堅い表情の子どもたち。ほどいてやりたい。一年生学級が安心できる場所になるよう最初に身につけることは、しつけよりも、先生や仲間に何でもお話しができることです。取り組み例を紹介しましょう。

国語の自己紹介単元や生活、図工、朝の会などを利用して、まず一ヶ月くらいは、毎日全員にお話ししてもらいます。「あのねの時間」です。好きな色や遊び、実は嫌いなもの（注射・歯医者さんなど）を自由に語らせます。

「朝ね、お母さんに叱られたの……。朝の準備が遅くて遅刻しそうだったから。」とうつむいて話してくれた子がいます。

「みんなの前で、言いづらいことを、よくお話してくれたね。」と誉めました。

「ぼくもあるよ。」「私も……」

という友だちの声で、教室中が笑顔です。

……心の内を正直に話すのは勇気のいることです。「みんなが聴いてくれる」という安心感がないと話せません。学級全体が共感の雰囲気に包まれる時間を大切にしています。

マイナスの感情もはき出せる関係ができると、失敗を恐れずに何にでも挑戦するようになります。「失敗は成功のもと」といった風土は、学びの土台です。

2 話題（価値）をみつける

話題をみつけられない子もいます。次の項目を、絵付きで表にし、掲示します。

最初は「場所の話題」（資料1）から一つ選んで語ります。次に「心の話題」（資料2）から語ります。慣れて来たら、場所と心を組み合わせて、語ります。例えば、「家」の「ぷん」で兄弟喧嘩についてなどです。最終的には自力でみつけられます。つまり、何もないと思われる自分の生活の中に、価値をみつけられるようになります。

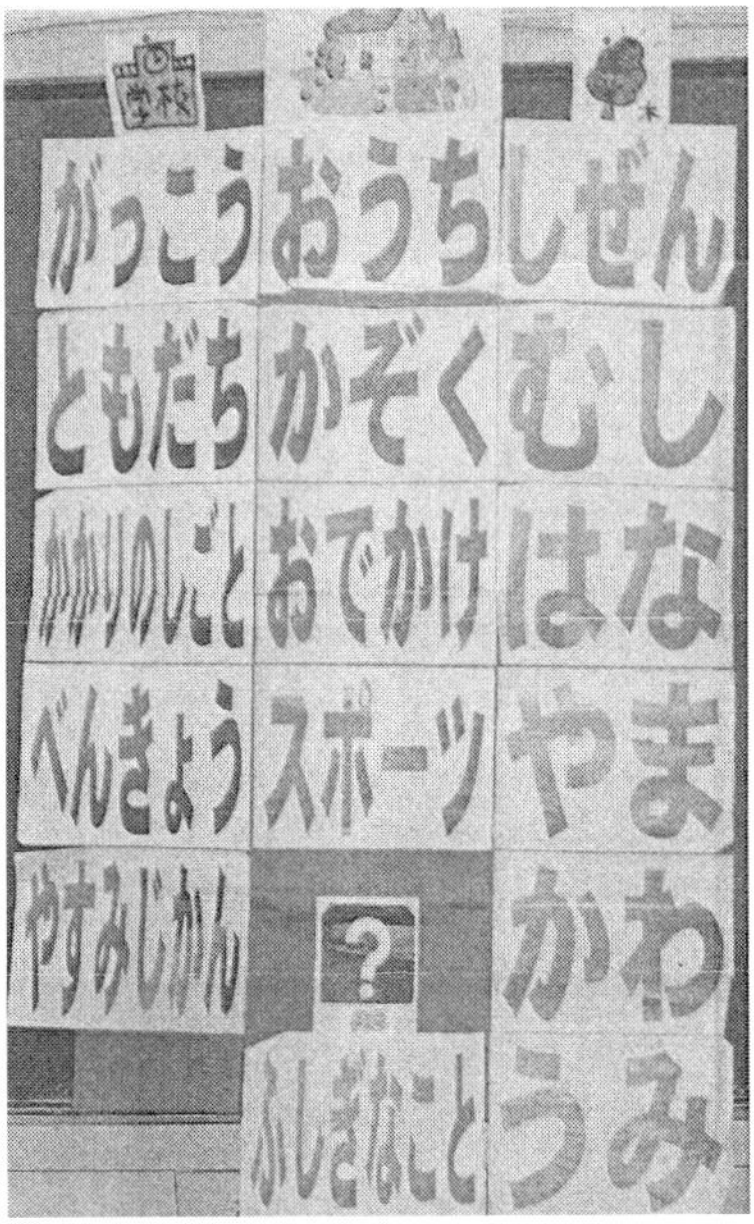

資料1

▼場所の話題

自然……山・海・天気・生き物など

家　……家族親戚・お出かけ・仕事など

学校……友・給食・休み時間・勉強など

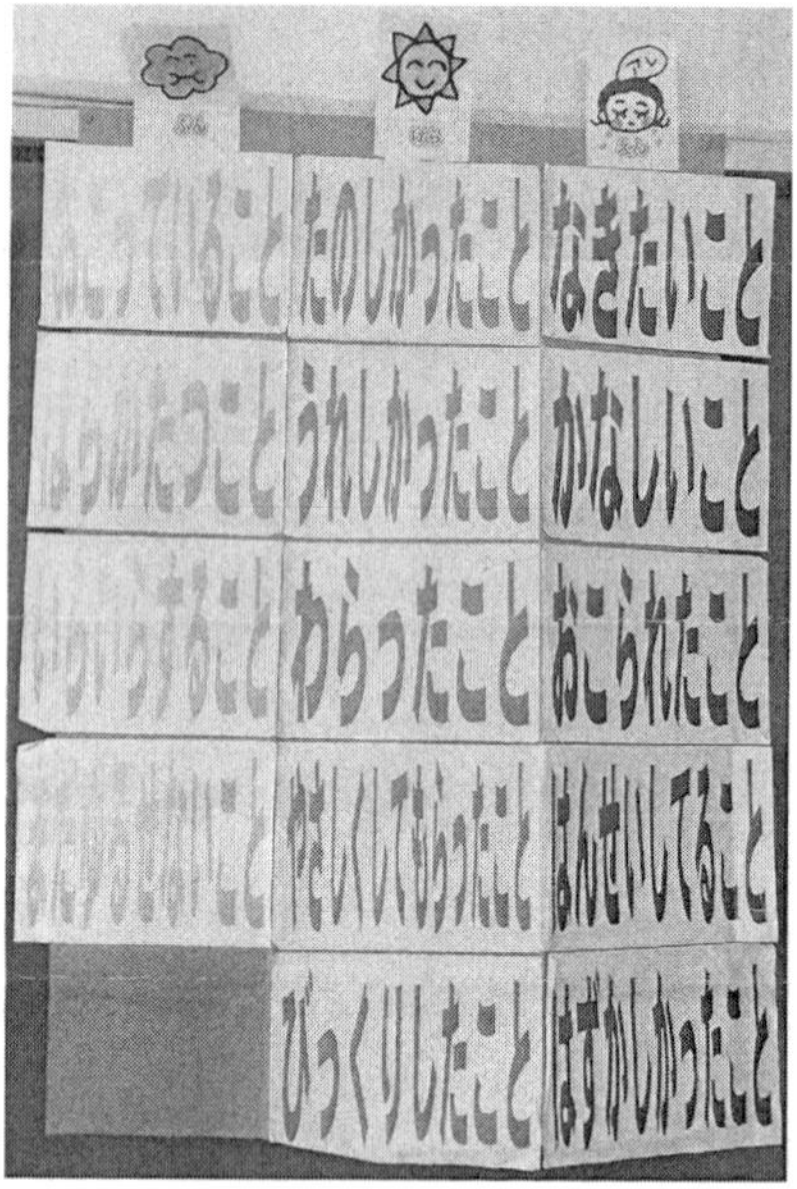

資料2
▼心の話題

えん……びっくり・いたかった・叱られた・寂しい・恥ずかしい・泣いたなど

けら……発見・笑った・嬉しかった・優しくしてもらったなど

ぷん……大変だった・怒った・腹が立った・いらいらした・まだ許せないなど

るすばん

そら

ひとりぼっちで　いた。
よちよち　じてんしゃでいった。
さびしかった。

学校で喧嘩早いそらさんが、実はお家では、一人寂しく過ごすことが多いことを知りました。Ｓさんに厳しかった子どもたちは、Ｓさんに優しくしてくれるようになりました。人を大事に思えるきっかけです。

3 生活科や図画工作科で語らせる

春探し、学校探検、心臓検診、避難訓練、砂場遊びなど、活動は心が動くように準備してやりたいものです。心が動いたら、自由に絵を描かせ、語らせ、口頭作文を書き添えます。できれば絵を交流します。

しんぞうけんしん

いぶき

あのね
ベットに　ねたよ。
いっぱいまるいの　つけられたよ。
てを　はさむやつも　つけられたよ。
てじょうかと　おもった。

学校探検は「学校の場所を覚えるのではなく、学校に居る人に会いに行くこと」を大切にしたいです。

保健室を探検に行った子の絵は、女の人の髪が逆立っています。養護教諭の先生とお話しして、ジェットコースターに乗るのが好きだと分かり、絵にしたのです。また、別の子はある先生の顔の周りにメロンばかり、またはオレンジの車を運転する先生、またはコーラを持っている先生……全て、探検で知り合いになった先生とお話しして分かったことです。

これで、子どもが学校を好きになるきっかけがまた一つできました。

二年生の町探検も同様に用意します。お店や施設を見学しにいくのではなく、お仕事をしている人に会いに行くのです。

また、遊びきる経験は、この時期とても大切です。創造的に遊ばせたいです。

ある年、地域の方と、川遊びを半日しました。道具は、何もなし。自分の手や、葉っぱなどの自然物のみです。興味深いことに、お行儀良くしつけられた幼稚園出身の子は、何をしたら良いのか分からない様子でした。言うことを聞かせる育て方よりも、自分で考えて行動できる育て方が大事だと、考えさせられました。

かわあそび

ともあき

あのね、きょうね、
さかなを　てに　おいたよ。

どじょうに　にてたよ。
ちいさかったよ。
こどもだったよ。
かわいかったよ。

こうして絵を描いては語らせ（口頭作文）、可能な限り、文に書いてあげます。自分の話したことが文字になることで、文字を書きたい意欲が出ます。

小学校生活が軌道に乗った六月の子どもたちの会話です。

なるみ「Bちゃんと Cちゃん、幼稚園の時、あんなに静かだったのに、どうしてそんなにおもしろい人になったの？」
あやね「だって、学校楽しいんだもん！」
せな　「ね！」

4　ひらがな文字を丁寧に指導

教科書を教えるのではなく、教科書で教える。教科書だけでは、ひらがなは身につけてやれません。小学校入学で、ひらがな学習をスタートするのが基本ですから、どの子にも確かな読み書きの力をつけてやりたいです。毎日一～二文字ずつ、一筆書きで書けるものから順に学び、五十音表を学びます。

岩館登先生著『たのしい学習プリントひらがなきょうしつ』（資料3）が非常に優れた教材です。促音や長音や拗音、文の構成、くっつきの「は・を・へ」まで、教科書では補いきれない部分まで学習します。

七月には、簡単な文が書けます。夏休み明けには、素敵な文がたくさん誕生します。

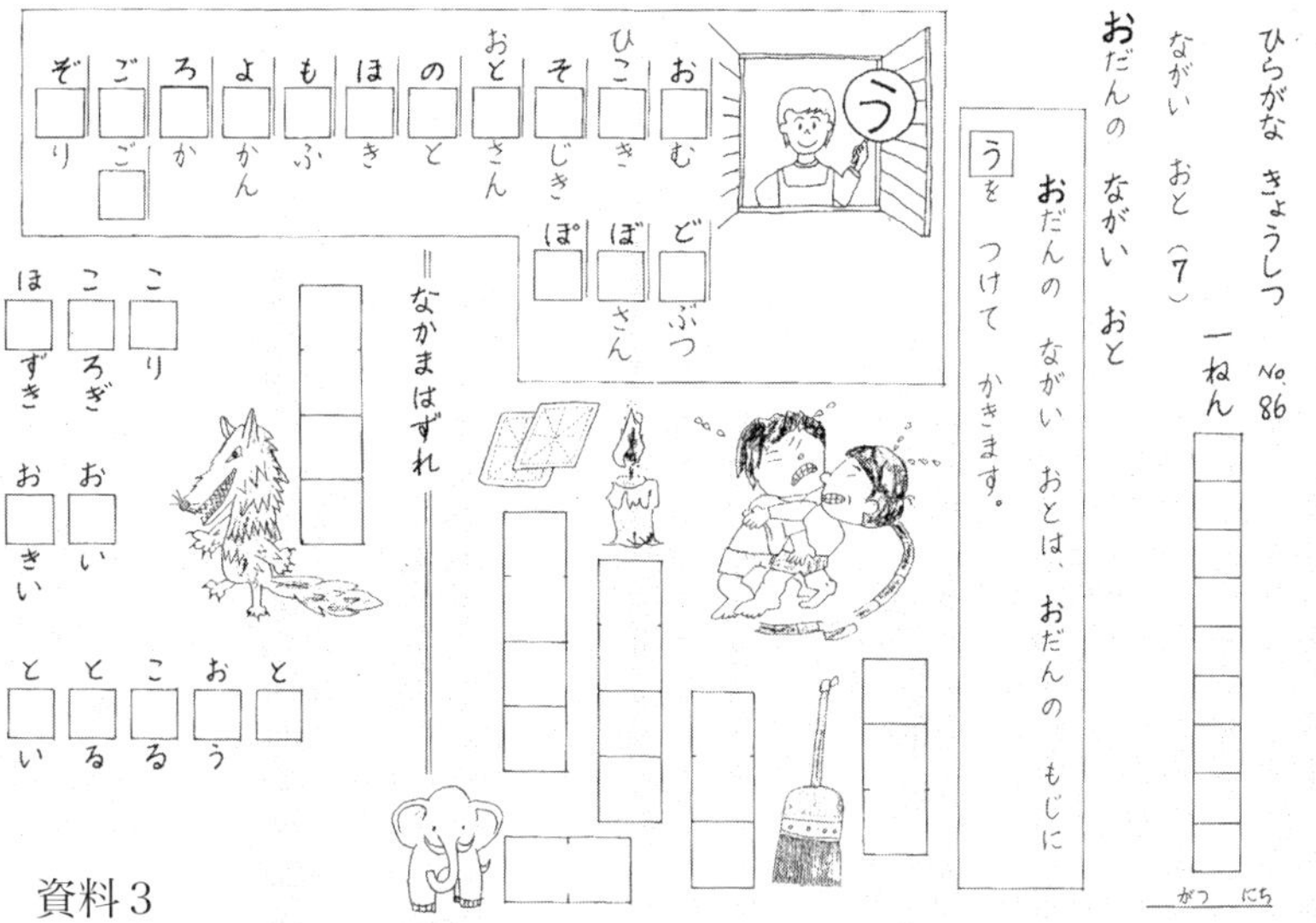

資料3

ばあちゃんのはたけ

あきら

あのね、きょうね
ばあちゃんの　はたけで
いもほりを　したよ。
すこっぷで　一かい　ほったら
土の　中から
いっぱい　いもが　でてきたよ。
みみずも　でてきたよ。
それでね、
とうもろこしと　おくらは
上をむいて　なっていたよ。
きゅうりと　なすびと　ピーマンと
トマトと　まめは
下に　なっていたよ。
いもと　たまねぎと　にんじんは
土の　中に　なっていたよ。
ねぎと　なっぱは
土の上に　なっていたよ。

伝えたい人がいるから書くのです。聴いてくれる人を思い、話すように書きます。

5 読み合い、横につながる！

書き綴ったものは、まず、お便りにして、本人に読んでもらいます。余裕がなければ、お便りにせず、作品だけ交流します。

「あのね」「うん……」あいづちをうちながら、みんなで聴きます。初めのうちは、どんな文も受けとめます。受けとめてくれる仲間がいるから、本音を言えます。

次第に「こうしたら叱られないんじゃないか」といったアドバイスのような感想も出てきます。それも受け入れられるようになっていきます。

書いて読み合うことで、子ども同士が横につながります。人を思いやります。だからこそ、学級経営の柱に生活綴り方を位置づけたいと、私は思います。

感想を言うのも難しいことですので、観点を提示して真似から学習します。

——お友だちに　気持ちを　よせよう——

▼暮らしぶり

○いい暮らしをしているな
（心がゆたかだな。やさしいな。すてき。）

○その気持ち分かるよ
（同じようなことあったよ。
自分もそんな気持ちだったよ。）

○知らなかったよ
（意外だった。そんなことがあったんだ。
大変だったね。）

▼書きぶり

○五感を使って書けているな。

○あったことをありのままに、本当のことを　書けているな。

○よく思い出して、順序よく書けているな。

はじめは真似ですが、読み合いを続けるうちに、素敵な感想が自然と出てきます。タイミングを逃さず誉めると、最終的には、どの子も、子ども自身の言葉で、感想を伝えられるように成長します。

6 「書ける書ける」とどんどん書く

いよいよ、絵日記の「あのね」に挑戦です。文字や文の間違いは気にせず、どんどん書かせます。読めなくても、私が、解読します。内容に共感します。とにかく、自分の伝えたいことを書き切れ、人に伝わったという満足感を味合わせます。

一方で、文の構成や文字の指導については、別枠で学習します。間違い例を指摘するのが効果的です。自分の間違いは気づけないものですが、間違い例は「ハハハ、変なの。」と笑います。正しい文を学習し、次回の文に生かせれば良いのです。「書き直し」ばかりでは、文を書くことが嫌いになります。

十月四日木曜日はれ

ひかる

あのね、休みの日にね、まきちゃんちにいって、とのさまバッタをみつけました。

つかまえると、上に、小さいバッタがのっていました。ママが
「にがしな。」

といって、小さいバッタだけ、にがしました。

「とのさまバッタもにがしな。」

にがしました。

でも、とのさまバッタを、むちゅうになって、またつかまえました。


「書いてくれてありがとう」と思います。人間らしい教師に引き戻してくれるのは、子どもたちの文だと、常々思っています。

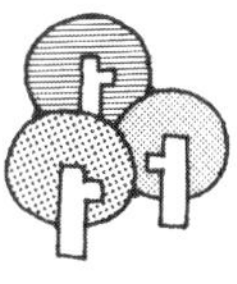

5 〈学校の行事を書く〉
運動会・書く対象をしっかりと捉えて

川添 陽一（長崎）

1 書きたいことを絞る

学校周辺には彼岸花が咲き乱れ、涼しい風が心地よく感じられる初秋の頃から学校の一大行事である運動会の練習が開始されます。子どもたちにとって運動会は楽しみの大きい行事の一つです。

運動が得意な子も苦手な子もこの運動会には積極的に取り組みます。走ることが得意な子は、リレー、徒競走などで力強い走りを披露します。ダンスが上手な子は、曲のリズムにのり一つひとつ動作を工夫しながら楽しそうに踊ります。個人競技や演技ばかりでなく団体競技では、力を合わせて全力を出し切ってファイトします。このように運動会を通して自主性や協調性、創造性を伸ばしたり、連帯感や逞しさを培ったりすることができます。故にこの体験を書かせることは子どもにとって大切な意味があります。

運動会にはいろいろな競技や演技があります。リレー、徒競走、個人走、表現、団体競技、応援合戦などさまざまです。このほかにも高学年には係活動があります。これらのことを全部書くとなると、だらだらと長くなり焦点の定まらないぼやけた文章になってしまいます。そこで、この運動会のなかで最も心に残ったことを選び書かせました。そうすることにより中心のはっきりした分かりやすい文章になりました。

2 書く対象をしっかりと捉えて

運動会で頑張ったこと、嬉しかったこと、辛かったこと、我慢したこと、悔しかったこと……、思いはそれぞれであります。それらのなかで真に感動したものは何かを考えさせます。

クラスのなかにA子という登校しぶりの子がいます。A子は、低学年の頃から登校しぶりで担任や管理職の先生が、たびたび家まで迎えに行っていました。A子には自信のなさが見受けられました。授業のとき、ほとんど進んで挙手し発表しようとしなかったり、指名すると尻込みしたりしていました。何とか自信をつけさせたいと考えていました。そのA子が、ダンスには興味を示し、進んで楽しく練習していました。昼休みの教室での自由練習には喜んで参加し、ダンスに熱中していました。本番では、実に楽しそうに踊っていました。そのことをA子は、作文に書きました。

えがおでがんばったダンス

A子

わたしは、ダンスがだいすきです。運動会のしゅもく中で一番すきで、一番きんちょうしていました。ダンスのならびじゅんにならんでいたらドキドキしてきました。音楽がながれて入場していたらもっとドキドキして、

(まちがえたらはずかしいなあ。)

と思っていました。

自分のいちについて、先生がふえをならして

ポーズをとりました。音楽がながれだしてはじめると、

（えがお。えがお。）

と思っていました。一きよくめが終わって二きょく目のあいだに場所のいどうがありました。

　そして、みんながあつまっているところにいきました。二きょく目がはじまっておどりだしていきました。今までまちがっていなかったのにまちがってしまいました。まちがったときまわりをちらちら見ました。だけど、

（次は、まちがえないぞ。）

と思っていました。「えがお。えがお。」という言葉があたまの中にのこっていて。えがおでいようと思いました。

　二きょく目のはんぶんのときばしょの入れかわりがありました。それでならびおわったら、エグザエルのローリングウェーブをしました。うしろの二瀬美樹さんが、

「早い。」

と言いました。それでちょっとおそくしました。ローリングウェーブが終わるともとの音楽にかわって、歌のとちゅうであつまるところがありました。一人だけ動いてはずかしかったけど、みんなあつまってくれてさいごのポーズにまにあってよかったです。

　たい場の音楽がながれて自分でふりつけを考えてするところでした。それでわたしは、手をふりながらいきました。おわってほっとしました。だけど楽しかったです。お母さん、お父さんに会って、

「ダンスじょうずかったよ。」

と、言われてとてももうれしかったです。

A子は、失敗しながらも心の中で何回も「えがお。えがお。」と言いながら踊ったことを書いています。A子の一生懸命さがよく伝わってきます。それは、書く対象をしっかりと捉えているからです。

3 ようすや気持ちがよく分かるように

書きたいことのようすや気持ちがよく分かるように書くには、「順序よく思い出して書く」「会話や思ったこと」をよく思い出して書くことが大切です。

B子は、真面目で口数が少なく思っていることや考えていることを他者にあまり伝えることができません。しかし、作文を読むと意外なB子の一面が見えてきました。

台風の目をがんばったこと

B子

私が、本番の時一番がんばったことは、「台風の目」です。練習の時赤組は、負けてばかりでした。私は、その時決心しました。

(このままじゃ、台風の目では赤組が負けてしまう。)

ただそう思いました。私は、その日の夜作戦を立てました。みんなは、ぼうをとびこえるところでひっかかっていることを思い出しました。私は、練習の時ぼうのはしを持っていたので、

(これは、ラッキー)

と、思いました。

そして、本番当日です。いよいよ「台風の目」の時です。その時健志郎君が、

「B子と太一かわれ。」

と言いました。私は、その時、

(せっかくの作戦がー。)

って気分でした。

（でも、外側だからいいや。）

と思いました。そしたらまた、

「B子と菜穂子かわれ。」

と言われました。（チーン。）って気持ちでした。

それから、放送がかかりました。

「一位赤組、二位白組。」

と言われました。健志郎君が、

「せーの。」

と声をかけました。

「バンザーイ、バンザーイ、バンザーイ。」

と、大声で言いたかったけど、のどもカラカラだったし、つかれていたので声が出ませんでした。台風の目で勝てたのは、チームワークと思いました。


B子は、「台風の目」で赤組がどうすれば勝てるか、何処を修正すればよいのか、自分が出来る事は何かなどを必死に考えています。しかし、本番になりリーダーの判断でB子の作戦は、簡単にころころと変えられてしまいます。でも、赤組は優勝し、チームワークの大切さを実感します。スタートしてから終わるまでの競技のようすが書き表せていませんが、B子は赤組の勝利のため必死に作戦を考えたり、リーダーの指示に従いプレイしたりして優勝できた喜びを伝えたかったのだと思います。だから、その部分のようすや気持ちをよく思い出し、詳しく書いたのです。

この作品からB子の積極的な考え方や生き方、リーダーへの信頼感といったものがよく分かります。

※作品1、2の中の名前はすべて仮名です。

4 みんなで作品を読み合い、共感し合う

作品をみんなで読み合う時間を子どもたちは、とても楽しみにしています。それは、喜びや悲しみ、

辛さ苦しみといった誰もが胸に温めている感情を吐露し共有することで繋がり合えるからだと思います。A子の場合、みんなで、失敗を何回も繰り返しながらも一生懸命頑張って踊り終えたことに共感し、気持ちが高揚していました。A子は、自信をつけ一回り成長したように見えました。

B子の場合、みんなは、赤組の勝利のために必死に考えるB子に感心したり、リーダーの指示で簡単に作戦を変えられ愕然としながらもリーダーを信頼しやり遂げたB子に共感したりしていました。B子は、チームの一員としての所属感やチームでやり遂げた達成感に満たされていました。このような作品の読み合う時間を確保してあげたいです。

5 おわりに

行事作文を書かせる際大事にしていることは、書く対象をしっかりと捉えさせるということです。何に強く心を動かされたかを考えさせたいのです。子どもは、積極的、能動的に行事に参加し、そこで生まれた感動が大きければ大きいほど書く衝動にかられ意欲的に書きます。書くことで前の自分とは違う自分を発見し、成長します。学校行事を通して一人ひとりの豊かな成長を感じ取れる作文を書かせていきたいものです。

6 〈「命と向き合う」を書く〉

授業から＝命が始まるとき・命が終わるとき

江口 政孝（愛知）

今のこの日本の自死をめぐる状況を何とかよい方向に持っていくために、私たち教員がしていかなくてはならないことの一つが、「命の大切さ」を子どもたちとともに学んでいくことだと思います。

四年生では、命について、「誕生という素晴らしいこと」と、「お別れという、人生の中で最も悲しいけれど、重みのあること」――両面から、学んでほしい、と思い、実践に取り組みたいと思いました。

1 若い人たちや子どもたちの自死

「命の大切さを子どもたちに伝えなければならない」――このことが、近年よく言われます。背景の一つには、多くの方が自ら命を絶ってしまっているという現状があるからでしょう。重大なのは、中高年の自死が減っているなかで、二十代などの若い人たちの自死が高止まりのままであること、そして子どもたちもの自死が後を絶たないことです。

2 「もうすぐ赤ちゃんがうまれる」

三学期が始まってすぐ、幸子さんが次のような日記を書いてきました。

赤ちゃんがいる

幸子

七月ぐらいに、もう赤ちゃんがいました。わたしたちは、赤ちゃんがほしいと願っていたら、本当に赤ちゃんが来てくれました。

だいぶたったら、ママのおなかが大きくなりました。

赤ちゃんのあだなを、おうちゃんとよぶことにしました。わたしは、おうちゃんにしゃべりかけたりしました。そして、おうちゃんは（ドンドン）とおなかをけって、返事をしてくれました。とてもうれしかったです。わたしは、

「生まれたら、いっしょに遊ぼうね。」

と言いました。

早く生まれてほしいです。ドキドキしています。ぶじに生まれてほしいです。

この日記は、幸子さんのお母さんの了承を得て、文集にのせて、学級で話し合いました。子どもたちは、次のようなことを話してくれました。

「幸子さんのこの作文からは、早く生まれてほしいって　いう気持ちが伝わってきて、いいなあって思いました。」

「幸子さんのおうち、赤ちゃんができて、いいなあって　思います。」

自分がうれしかったのは、たくさんの兄弟のある子が〝また、赤ちゃんが生まれてきてほしい〟と言ってくれたことでした。子どもって、やっぱり「希望の光」だなって思いました。

3 助産師さんに来ていただいて

一月中頃、「総合的な学習の時間」の講師として助産師さんに学校に来ていただき、四年生の子どもたち（九十人）に話していただきました。この日は授業参観で、多くの保護者の方も一緒に見ていただきました。

授業は、おおよそ次のように進めていただきました。

①命の始まり……そのときの大きさを、黒の画用紙に白の点で示して教えていただいた。

②お母さんのおなかの中での赤ちゃんの一ヶ月目の大きさ→二ヶ月後の大きさ……と十の人形で、成長のようすを教えていただいた。

③四年生の子が入るような大きさの袋から、手を使わず出てくることで誕生体験をした。袋から出てくるときには、そこに保護者の方もいていただいて、「誕生おめでとう」などと声をかけていただいた。

④赤ちゃん大の人形を使って、保護者の方とともにおむつをかえる体験をした。

この学習の後、奈美さんは、次のような日記を書いてきました。

〝命の大切さ〟を学んだ

奈美

今日、授業参観で、〝命の大切さ〟について、助産師さんと保健所の方のお話を聞き、体験もさせてもらいました。

最初に、保健所の方の仕事を説明してもらいました。

次に、〝命の誕生〟について、助産師さんがお話をしてくれました。

「命の始まりは、女性の卵子と男性の精子がくっついて、０・１ミリメートルのものから始まります。」

と言って、黒い紙に０・１ミリメートルの大きさが白でかいてあって、わたしは、（小さいなあ）と思いました。

わたしは、人形を持つ係です。（お母さんのおなかの中の）九ヶ月めの人形を持ったけど、けっこう重かったです。

三時間目に、赤ちゃんの世話と〝誕生体験〟をしました。赤ちゃんの人形はけっこうリアルで、わたしのグループは、男の子でした。おむつをかえるのをやったけど、（大変だなあ）と思いました。

誕生体験では、手を使わずにやるのは、大変でした。

命の大切さについて学べる、いい経験でした。

三月には、このときのことを思い出して、里美さんが作文に書いてくれました。

命について学んできて

里美

わたしは、命のことについて学んで、お母さんは、いたい思いをして産んだことを、初めてくわしく、助産師さんから聞きました。

お父さんの精子とお母さんの卵子が合体して、一つの命になることを知りました。

産むのに、「十時間ぐらいかかる」と聞いて、すごくびっくりしました。（十時間も痛い思いをして産むんだ）と初めて知りました。

じんつうは、いっきにいたくなるんじゃなくて、どんどんいたくなることを知りました。

「赤ちゃんは、頭が出てきたら、自分でくるっと回転して、出てくるんだよ。だから、赤ちゃんはすごく頭がいいんだよ。」

と聞いて、わたしは、（へえ、そうなんだ。赤ちゃんってすごいなあ。赤ちゃんは自分でくるっと回転するんだなあ。）と思いました。

助産師さんも、わたしと同じ年の子どもがいると聞きました。助産師さんも、赤ちゃんを産んだことがあるから、その産んでいるお母さんの気持ちを知っていると思います。

テレビ番組で、出産の場面をみたことがあります。わたしもいつか、赤ちゃんを産んでみたいです。

助産師さんの授業から二ヶ月ほどたった後、このように書いた里美さん……このお話や体験がとても心に残ったんだなあ、と思いました。

4 「死」と学校の授業

二〇〇〇年の秋、妻の病ががん末期の状況になり、二〇〇一年二月から五月、自分は緩和ケア病棟で生活しました。緩和ケア病棟の患者さんは、その病棟で病を治して退院していかれることはほとんどなく、病棟でお別れまでの大切な日々をおくっていかれます。そこで働く先生や看護師さんなどのスタッフは「(治療や手術などで患者さんが身体的によい方向に進み)よくなってよかったね。」と声をかけて患者さんやご家族とお別れすることはありません。

そのような場を選んで、仕事をしてみえるスタッフの話を、子どもたちにいつか聞いてもらいたい、と思っていました。生と死……ぎりぎりのところで懸命に過ごす患者さんとそのご家族との日々の中で、きっとたくさんのことを感じられて、仕事をしてみえたと思うからです。

私は、妻が「わたしの最後の友だち」と言っていた緩和ケア病棟の看護師さんの話を子どもたちに聞かせたいと思いました。

「子どもたちに、いのちの大切さを学ばせたい。緩和ケア病棟などでの経験を支障のない範囲でぜひ、子どもたちにしてやっていただけないか。」

私がこんなふうにお願いすると、水谷さんは「いい機会だから、ぜひ」と本当に快く引き受けてくださいました。

　難しかったのが、学校内での合意でした。学年の中ではすぐに「ぜひ、看護師さんの授業を！」となりました。けれど、管理職の理解を得るのに時間がかかりました。「死に深くかかわること」を、授業として、学年すべての子どもに話していくことについて、いろいろな面で心配をしたのです。確かに、直近に身近な人を亡くしている場合など、考慮しなくてはいけないことがあるでしょう。そこで「難しい病にかかっても懸命に生きた患者さんとそのご家族についての話」など、死に関わりつつも、精一杯生きたその『生』の部分について語ってもらうようにする」と訴えました。そして、助産師さんの授業の一ヶ月後、二月に看護師の水谷さんに学校に来ていただき、授業をしていただくことになりました。

5 「がん」・緩和ケア病棟・絵本……導入として

看護師さんによる授業の前に、二つのことをしました。一つが「がん」と緩和ケア病棟についての話、もう一つが絵本『わすれられないおくりもの』（スーザン・バーレイ作）の読み聞かせです。

　一つめの「がん」と緩和ケア病棟については、自分が知っている範囲でのことを、子どもたちに話しました。そこでは、がんは難しい病気であるが、早期に発見されれば医療の進歩と医師たちの努力で治ること、けれど進行すると治療方法がなくなることなどを話しました。そして、緩和ケア病棟は、主にもう治すための手立てがなくなってしまった患者さんが痛みをコントロールしてもらって、お別れの日まで一日一日を大切に生きていける場であること。また医師・看護師を含む病棟スタッフは、そのサポートを心込めてしていること――を伝えました。

もう一つの絵本『わすれられないおくりもの』の読み聞かせは、各学級で担任がしました。野原の中の動物たち。その動物たちから頼りにされていたアナグマが亡くなります。動物たちは深く悲しみます。けれど、アナグマが一人ひとりのなかにいくつもの思い出や教えを遺していってくれたことを振返り、動物たちがアナグマに感謝をして生きていく――という内容の絵本です。子どもたちは、真剣に聞いてくれました。

6 看護師さんの授業

二月十四日、この日の名古屋は朝からかなり雪が降りました。そのようななか、看護師の水谷友里さんに来ていただきました。水谷さんは、一九九九年から二〇〇四年まで一宮市の病院の緩和ケア病棟で、その後は一宮市民病院で看護師として働いていらっしゃいます。水谷さんは、二〇〇一年に自分の妻が緩和ケア病棟でお世話になったときに、とてもよくしていただいた看護師さんでした。妻が亡くなってからも時々手紙のやりとりをしたり、お会いしたりして交流してきました。人間味があり、看護師としてもとても優れたものを兼ね備えた方です。

水谷さんは、これまで、数多くのお別れが近いがん患者さんやそのご家族と接しておられます。患者さんがその日まで精一杯生きられたようすやそれを支えられてきたご家族のことを、水谷さんから子どもたちに語ってもらいたい、そして子どもたちに一日一日を大切に生きてもらいたい、命の大切さを考えてほしいと思いました。

水谷さんは、ＤＶＤ「象の背中」を用意して、子どもたちに見せてくれました。このＤＶＤは、象のお父さんが子どもたちとお別れする場面・お父さんとの思い出を大切にして生きていこうとするようすをアニメと音楽で表したものです。

そして、がんという病気が進行していき、お別れが近い患者さんが家族のことを思いながら最期まで精一杯生きていかれた話をしてくださいました。また、ご自分が肺の難病にかかり、闘病しながら看護師の仕事をしておられることも話されました。

子どもたちは、ＤＶＤを真剣に視聴し、水谷さんの話をしっかり聞くことができました。

この授業のあと、子どもたちは水谷さんへの手紙を書きました。

毎日を大切に

りみ

雪の中、自分がご病気のなか、学校に来てくださって、ありがとうございました。

一番心に残ったことは、幼稚園の先生の話です。なぜなら、もうすぐ死ぬかもしれないと自分で思っていたけど、幼稚園にもどったときにピアノがまたひけるように、一日一日を大切にしていたことです。

この話で毎日を大切にして生きていかなきゃいけないんでなあ、と思いました。なので、これからは毎日を大切に生きていきたいと思います。

ありがとう

直人

雪の中、いそがしいときにわざわざ来てくれて、ありがとうございました。ＤＶＤをみたとき、お父さんがなくなって、天国から見ているところがとても感動しました。

男の人が事故でからだが動かなくなって、でも自分の子どもが来たら、ちょっと手を動かせるようになったとき、ぼくはきせきがおこることがあると思いました。

これからもがんばって長生きしてください。

子どもたちの手紙を受け取られた水谷さんは、子どもたちの書いたことに心から喜ばれました。そして、子どもの感性の素晴らしさと教師の仕事の大切さを語ってくださいました。

7 命について学んで……子どもたちの作文から

三月の中頃、子どもたちに、「人権や命について学んだことについて作文を書こう。」と話し、書いてもらいました。良花さんは、次のような作文を書きました。

命について

良花

わたしは、一月と二月にお話（体験）していただいた助産師さんと看護師さんから学んだことを書きます。

まず、助産師さんです。助産師さんの仕事は、生まれてくるとき、人を助けることです。助ける仕事をしているので、助産師さんの「助」は、「助ける」という字なんだそうです。0才1ヶ月と2ヶ月だと、本当に赤ちゃんは片手で持てるぐらいの大きさなんだと言っていました。赤ちゃんは、お母さんとお父さんの命を半分ずつもらって成長していく、と言っていました。

体験もさせてもらいました。たん生体験とお世話体験です。たん生体験は、袋から出てきて、お母さんがいる（授業参観としての授業だったため）という感じでした。ふくろから出てきたら、お母さんが、

「おめでとう。」

と言ってくれました。まわりからも拍手がきて、うれしかったです。

お世話体験では、本物の重さの人形をだっこさせてもらいました。その子の名前は、みかちゃんでした。重かったし、本物の赤ちゃんにしか思えなかったです。あと、おむつがえもしました。とってもむずかしかったけど、お母さんがやりかたを教えてくれました。なので、できました。体験も話も、とっても勉強になりました。

教室で「わすれられないおくりもの」をきき

ました。そのお話は、とても感動しました。アナグマが死んでしまって、村のみんなは悲しくていっさいわらってなかったのですが、アナグマからもらったわすれられないおくりものを大切にして、みんなえがおになれました。わたしは、このことでわかったのは、命・からだがなくなっても、その人との思い出とその人の心と相手のアナグマの心が何より大事だと思いました。

看護師さんの話のときには、DVDの「象の背中」をみました。それをつくったのがAKB48の監督の秋元やすしさんだそうです。その話は、ある日、お父さんが亡くなり、天国に行ったということでした。そこから、家族との思い出がいっぱい出てきました。感動のお話で、わたしとかほちゃんは泣きそうになりました。とてもいい話で、家族の思いが伝わってきました。続いて、江口先生のおくさんの話です。江口先生のおくさんは、幼稚園の先生でした。でも、ある日、病気になって、入院してしまいました。でも、そこの病院（緩和ケア病棟）にピアノがあったので、幼稚園にもどるときように、いつもピアノをひいていたようです。でも、ある日、江口先生のおくさんは、命をおとしてしまいました。わたしは、病気にかかっているのに、いろんなことをして子どもたちと遊びたいという気持ちがとても伝わってきました。それに、その幼稚園の先生が江口先生のおくさんとあとで聞いたときに、すごくびっくりしました。看護師さんから聞いた話の中で、一番心に残りました。その話は、今も心に残っています。

この一・二月中に、命の大切さを学びました。生まれてきたとき、赤ちゃんのときなど、いろいろ教えてもらいました。水谷さん（看護師さん）の話を聞いていると、亡くなった人の話が多かったけど、わたしは天国にいる人は自分の命はおとしているけど、天国にいる人の大切な人が「ずっと泣いてないで、笑顔でいてね。」っていう気持ちの人がたくさんいるということが、この命の授業を受けて分かったし、これからも自分の命・人の命をもっともっと大切にしていきたいです。
　それに、水谷さんのおかげで、命をもっともっと大切に、何より一番大切に思わないといけないということも分かりました。わたしも看護師をめざしているので、水谷さんのようなりっぱな看護師になりたいです。

　誕生と命のおわり――、この両面から行った命の授業の取り組み。講師をしていただいた方の素晴らしい授業で、一人ひとりの子どもたちの心に「命の大切さ」「日々を大切に生きることの意義」などが残されたのではないか、と思います。

7 〈親、子、教師をつなぐ学級通信・一枚文集〉今を生きる子どもたちの心をつないで

金田一清子（東京）

1 子どもたちの心をつなぐ学級通信・一枚文集の魅力

金ちゃん先生

一年　たく

金ちゃん先生ってね。
すごいんだよ。
おてがみ百五ごうだしたんだよ。
こんどは、百十ごうを
めざしているんだって。
つぎは、なんごうをめざすんだろう。
ぼくの「し」がのったとき、
うれしかった。
ぼくは、そのおてがみをもって
とびあがっていた。

このような詩に出会うと、ますます張り切って通信を発行しなくては……と励まされたものです。

私の教師生活にとって、学級通信・文集は欠かす

ことができない活動の一つでした。父母に子どもたちの活動の様子を知ってほしいという思いと、子ども・父母・教師を結ぶ心の架け橋ができたら……という願いがあったからです。

学級通信を出すには、子どもたち一人ひとりをよく見ていなくては、感動や喜び、発見や驚き、そして悩みなどをつかむことができません。まるで、教師自身の感性が試されているようですが、実はそれが教師としての子どもを見る目を鍛えてくれたような気がします。通信を出すことで、子どもたちの成長が確信できるなど教師としても喜びがいっぱいです。何よりも、学級通信・文集が私にとっては、学級作りの大きな一つとなっていました。後半、退職してからSOSで入った高学年の教室でも、通信・文集を読み合う中でバラバラな子どもたちがつながっていった経験があります。この四月から始めてみませんか。

新しい学級を担任すると、「学級通信」の名前を子どもたちと父母の協力でつけるようにしてきました。その時、名前といっしょに理由も書いてもらいました。「えがお」は「子どもの笑顔あふれるあたたかいクラスになるように」というように。子どもや父母の教育への願いや要求が寄せられるからです。そして。これは教育活動への父母としての参加の第一歩となるのです。

「あやとり」「であい」「ひなたぼっこ」等、自分自身では考え出すことのできないすてきな名前です。その中には、それぞれの子どもたちのドラマがつづられています。タイトルを聞いただけで、そのときどきの子どもたちの姿が浮かんでくるのです。

2 一人ひとりの出番を　子どもの輝きを

「毎回、通信を楽しみにしています。金田一先生の書く学校の子どもたちは、とても楽しそうで親としてはとても安心しています。学校の話をなかなか話してくれない為、通信を読んで私の方から質問するといった毎日で、とってもありがたいです。」

これは、あるお母さんの便りです。学校での子どもたちのようすや暮らしぶりはどうか、これが父母の関心事です。子どもたちのキラキラと輝く姿をとらえ、「はじめてできた！」「やったあ」「すごい」という感動の場面を子どもたちの喜びの言葉とともにリアルに伝えるようにしました。

「最初のうちは、つい自分の子どもの名前ばかりを探してしまいます…」これが親の本音だと思います。一人ひとりの出番を、紙面のあちこちに意識的に取り入れたいものです。

題字を順番に書いてもらったり、自由に子どものカットを入れたりしてきました。「○○のなかましょうかい」として、一つの枠を設けて学級一人ひとりのプロフィールを順番に紹介していくと、「今度はぼくの番だ」と、とても楽しみに待ってくれます。

一年生の最初は、四人位ずつ「入学式はどうでしたか？」等、テーマを変えつつインタビューして載せたところ、これが好評で、教師としても毎日いろんな子どもたちと対話できてよかったです。「初めて描いた絵」も縮小して順番にカット代わりに載せたこともあります。忙しい中での発行ですので、このようにシリーズものをもっていると、前もって準備しておけるので時間短縮でき便利です。この頃、「学級通信」として出しにくいという声を聞きます。「国語資料」や「国語通信」などの名称で工夫して出している人もいるようです。

3　父母と共同して子育てを

いじめ、不登校や信じられないような事件、我が子が落ちこぼれてしまうのではないかという心配やあせりなど、父母の中には不安が広がり、一人ひとりがこれでいいのだろうかと子育ての悩みを抱えています。一方で「どうせぼくなんかできないもん」とすぐにパニックに陥ってしまうのはどうしてだろう、なぜ低学年のうちから自分に自信がもてないんだろうなど、子どもたちの本音や考えがつかみにくくなっています。いま、子どもたちが抱えている問題を親と教師がともに考え合う場が求められていま す。子どもたちとの取り組みを通して見えてきた変化などを中心に問題提起して、父母の力も借りながら考えたいものです。

そのために、通信には「いま、こんな学習をしています」「こんな課題があるのでこんな取り組みをしています」と、できるだけ子どもたちの発言を一時間の授業の流れがわかるように工夫して載せたり、学習のポイントや学習方法、つまずきやすい点などについて解説したりします。「わかった」「できた」と、全員が到達目標を達成したときの子どもたちの喜びの声なども意識的に載せます。父母の関心や援助に支えられて学習意欲がぐんと増して、大きな力が伸びる子もいます。

何と言っても、子どもたちを支えてくれるのは親たちです。親同士が仲よくなり、わかり合える関係だと、ちょっとした子どものトラブルも、大きな視野から見て解決できるようになります。そこで、私は一年間子どもを真ん中に、親同士、親と教師が交流できる場や機会を多くもってきました。学級通信の役割が大きいのです。その活用方法をいくつか紹介してみましょう。

○親もつながる「おしゃべりカード」「回覧ノート」

最初の頃はB5のカードを用意して「何かあったらお寄せ下さい」と渡し、学校行事の感想や、子育てのエピソードや悩みなどを寄せてもらい、学級通信で紹介し交流をはかってきました。後で、「回覧ノート」につなげていきました。

○親子で読み合う詩や作文・生活ノート

作文や詩、生活ノートなど、子どもたちの作品を多く取り上げ、日常的に親子で読み合ってきました。他の子の表現の良さや生活のしぶりなどを学び合い、通信の「一言感謝欄」の励ましの言葉で書く意欲をかきたてられ、子ども理解へとつながりました。

○子どもの本音をもとにした保護者会

子どもたちに、「遊びや友だち」「子どもの思いや願い」などのアンケートをとり、懇談会の資料として通信に載せ、活用しました。グループ懇談なども取り入れた子どもの声を生かした話し合いは大いに盛り上がり、子ども理解へとつながり、「子育ては親育ち」という合い言葉が生まれるなど親の意識も育てたようです。懇談会実施後は、欠席者の事も考え、「こんなところが成長して来ました！」「出された悩みとその解決方法！」と題して、くわしく報告。都合で欠席されたお母さんたちからは、感謝の言葉と共に我が子の様子が届けられました。

保護者会では、通信に載った詩をきっかけに、「○○の詩を書いた○○君」など、話題が広がりました。

○個人面談や家庭訪問も子ども理解、新たな友だち発見の大切な機会

個人面談でうちの人に聞いた子どもたちのよいところをクイズ形式にして、通信に載せます。これが大好評で、配布すると同時に夢中で読み始め、大さわぎです。だれだかわかると〝すごい〟〝そうだったんだ〟〝びっくりしたなあ〟と、友だちへの認識も深まり、新たな発見の日々で大いに盛り上がります。

子どもだけでなく、教師自身も子どもの見方が変わってきて、子どもとの距離も縮まってくるのです。子どもたちが、なお、いとおしくなります。

4 学級通信・文集で学級作り

～詩を書き、読み合うなかで、豊かに育っていった子どもたち～

私が担任した二年生は、一年生の時、暴言、暴力、おしゃべり、出歩きなど落ち着かない子どもたちが多く見られました。一年生担任だった四人のうち三人が転・退職。残されたのは再任用の私一人でした。二年生になる時、学級編成替えも経験することになった子どもたちは、どこか自信がなく落ち着きませんでした。感情をうまくコントロールできずに言葉より先にすぐ手足が出てしまう男の子がいたり、おしゃべりが多く、なかなか学習に立ち向かえない子どももがいたりしました。この子たちにのびのびと自分のことばで表現する力をつけ、友だちとうまくつなげてあげたい…と強く思ったものでした。子どもたちには「いつでもどこからでもやり直せること」「だれでもよい方向へと変わっていけること」〝今がそのチャンス〟などと語りかけると神妙な顔つきの子どもたちがたくさん見られました。「自分の思いをことばにして出し合える教室に」「心わくわく。どきどきの感動ある授業と生活を」「いつでも詩のある教室を」と願って出発しました。

5 初めての詩、がんばってできたこと　その喜びを

自信がなく、なかなか自己肯定感がもてない子どもたちに、どんな小さなことでもよいので、「やったあ」「できたあ」という経験を積み重ねさせることで、自信がもてるようプラス思考で取り組ませることにしました。みんなが苦手だった鉄棒のさか上がりが初めてできた時の喜びは最高でした。

はじめてできたさか上がり

二年　さの　こうた

中休み　校ていで、
さか上がりをやってみました。
えいっとやったら、くるっとまわりました。
中休みがおわるまで、
さか上がりをなんかいもやりました。

※中休みがおわるまで、なんかいもやったところにうれしさがあらわれていますね。おめでとう！

この詩を通信・文集に載せ、みんなで読み合うと、あっという間に「さか上がりブーム」が押しよせ、休み時間、放課後に、公園で親子で、というように生活スタイルまで変わっていきました。

6 命を見つめてドラマが…その感動を詩に

この子たちには、できるだけ本物との出会いをということで、「命の大切さを学ぶ」というねらいのもと、生活科で「ヤマメの里親」に取り組みました。

一人三個のヤマメの卵。さっそく観察させたところ、その生命の不思議にびっくり…。

ヤマメのたまご

二年　くろ田　かんな

ビンの中で三つならんだら、
きょうだいに見えた。
たった四ミリの大きさなのに
もう目が見える。
赤いしっぽも見える。
あっ、体がぶるると、すこしうごいた。
もうすぐ生まれるのかな。
しなせないように、
ちゃんと水をかえなくちゃ。

※目やしっぽ、そして、「体がぶるると、すこしうごいた」なんて、よくかんさつできましたね。ぶじにうまれますように。

冷蔵庫で育てながら毎日観察、まるで自分がお母さん、お父さんになったよう。ヤマメの卵が孵化した時の感動からも詩が生まれました。

ヤマメの赤ちゃんたん生

二年　田口　よう一

ヤマメは、おなかにふくろをつけて、
三びきともよこになっていた
ずうっと見ていると、こっちをむいて
あいさつしているように見えた。
一ぴきがびゅうんとおよいで半しゅうした。
しっぽをゆらゆら、ゆらしていた。
かわいいな。

※三びきともたん生したなんて、すごいですね。きっと大切にそだててくれてありがとうとあいさつしたのかもね。

三月、多摩川に放流する時、いつまでも名残惜しそうに見守っていた子どもたちでした。長い教師生活の中でも、物語の中に深く入り込み、主人公の気持ちになり、涙しながら発言し合った子どもたちは初めてでした。それは、研究授業の中でおこったのです。

なみだのけんきゅうじゅぎょう

二年　くぼ　かいと

えっ？　こんなに先生がくるんだ。
あっ、だれかがはっぴょうしている。
田口くんだ。
なきながら、はっぴょうしている。
なんで、こんなにないている人がいるんだ。
きつねがしんじゃって、
かなしかったんだな。

※お話の中に入りこんで、なきながらはっぴょう。うつくしいなみだですね。みんながかんどうした

ばめんでしたね。わすれられない時間でした。

このような詩に出会うと、疲れも吹きとんでしまいます。詩を読み合う時、その詩の作者が主人公です。成長のあとが嬉しいです。

7 子どもたちってすばらしい！ 教師ってすてきな仕事

「親子発表会」大成功！感動しました！

親の感想（渋谷夢叶の母より）

子どもたちの劇、とても見応えがありました。自分たちで全て考え練習し発表できる力はこの一年間で協力しあって成長してきた証ですね。どの班もアイデアいっぱい、笑いもいっぱい！　お父様方にも見ていただきたかった程です。

勉強はなぜ大切か？の難しいテーマの討論会でもたくさん手があがり、自分の意見を言える姿にビックリ。全員発表を心がけて、手をあげる勇気を培ってきたんだなあと感心です。

この場では手があがらなかったうちの子でしたが、先日、「今日ね、うちの班、全員発表ができてポイントー増えたんだよ。（笑）」と、嬉しそうに報告してくれた日は、私まで嬉しくなりました。

役員さんが考えてくれた「はらぺこあおむし」も、たくさん準備して頂き有り難かったです。素敵な思い出です。はっぱ役にも力が入りました。（笑）充実感たっぷりのお別れ会、たくさんの感動をありがとうございました。お別れするのが本当に辛いのですが、このクラスで親子共々過ごす事ができてとてもよかったです。金田一先生、一年間本当にありがとうございました。

自分たちが作り上げた劇（ストーリーもセリフも）の発表、親子討論会、親子対決腕相撲大会、ひまわりの種の手作りブローチのプレゼント等、この盛りだくさんのプログラムは学級会での子どもたちの希望を生かしたものでした。その上、お母さんたちの劇の出し物ですから、まさに「親子発表会」でした。

当日は、どの顔も最高の笑顔でした。子どもたちって、本当はすばらしい！　教師ってすてきな仕事を実感した一年間でした。

今を生きる子どもたちの心に寄りそいながら、心の声を聴き、自分のことばで表現させ、それをみんなで読み合いながらつながり合う。今、とても大切なことだと思います。ぜひ、「学級通信・一枚文集」を始めてみませんか。

～3章～

「書くことの単元」授業づくりの工夫

1 「観察したこと」を書く

身近な自然のなかで、学習での飼育や栽培等の場で、子どもたちが動植物を観察する場面は多い。生きものが見せてくれた「いのちの輝き」にふれた驚き・発見・感動・疑問……これらの好奇心いっぱいの「センス・オブ・ワンダー」の感性を育てたい。そして、この〝気付き〟の事実をことばにして文章を書くようにしたい。

感動体験が表現を豊かにする

斎藤 鉄也（北海道）

1 教室でカイコを育てよう

学校がある太田地区は、明治二十三年に屯田兵四百四十戸が入植し開拓した地域です。学校の近くには屯田開拓記念館があり、子どもたちの遊び場になっています。校舎も屯田兵屋をモデルに作られています。しかし、子どもたちは「屯田兵」という言葉は聞いたことがあっても、それがどのようなものか、自分とどのようなつながりがあるのか、ほとんど知りません。

屯田開拓記念館を見学したり、『釧路国支庁要覧』などの文献資料を読んでいくと、子どもたちの住むこの地を、屯田兵の人々がたいへんな苦労をしながら切り拓いたことがわかりました。

屯田開拓記念館にはたくさんの繭玉や糸繰り機も

カイコを手にとり、じっくり観察

展示されていました。十年前まで、屯田開拓記念館でカイコを育てていたそうです。

屯田兵の人々は、本州とはまったく気候の違う極寒の地でさまざまな試行錯誤と挫折をくり返し、その過程で養蚕にも取り組んでいました。低温のため挫折してしまったのですが、屯田兵の残した桑の木は学校の周りにもたくさん残っています。屯田兵の育てたカイコを教室でも育てることにしました。

2 カイコって、すごいなあ！
～カイコとの出会い

三令のカイコを五十頭取り寄せました。低温のため六月末になっても桑の葉が出ず、桑の葉も山形県から取り寄せました。

教室にカイコを持ち込むと、子どもたちは「気持ち悪い」と大騒ぎです。田舎の子どもたちですが、虫には慣れていないのです。

屯田開拓記念館の本庄さんに来ていただいて、カイコの世話の仕方を教えてもらいました。「カイコを箱に移しましょう」と言われた子どもたちは、嫌だとは言えず、恐る恐るカイコを手に取っていきます。すると、意外なかわいらしさに気づいていきます。その後は、朝も休み時間も、時間があればカイコをかわいがり、熱心に世話をするようになりました。

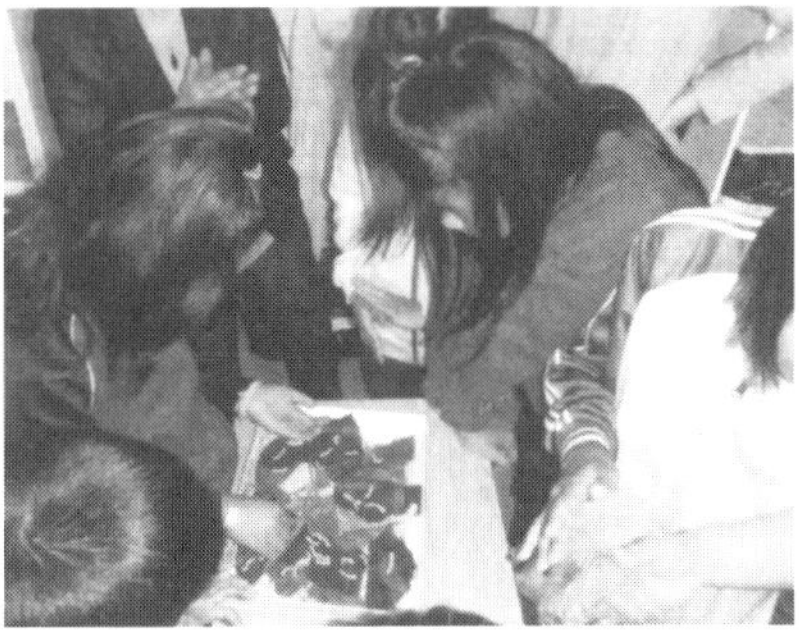
カイコを飼育箱へ移動

蚕って、すごいなぁ〜。

N子

最初、本で見た蚕は、はっきり言って気持ち悪いので、「いやだなぁ〜。」と思いました。

月曜日、「蚕いやだ〜。」と思いながら教室に入ると、蚕が!! 先生のつくえの上の箱の中にいたんです。そおおっとのぞいてみると、蚕がくにゃくにゃ動きながらえさを食べていたんです!!

「うっ……。」

思わず声に出してしまいました。だって、本で見たより蚕が気持ち悪かったんですから。

先生が、

「さわってごらん。かわいいから。」

と言ったけど私は、

「かわいくないよ!」

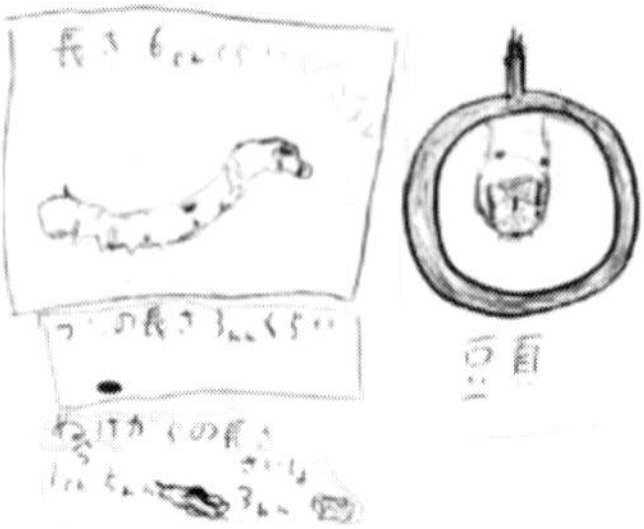

と言ってさわりませんでした。

3・4時間目、本庄さんという人が来て、

「箱にうつしましょう。」

と言ったので私は、

「え〜! どうしよう。でもがんばったらさわれるかも……。」

と思ってさわってみると……。

びっくりしました! マシュマロみたいにすっご〜くやわらかかったんです! それから蚕がかわいくなってしまいました。

本庄さんが、

「明日になったらだっぴし終わりますよ。」

と言ったから私はすごく楽しみになりました。

そして今日。朝、教室に入ると蚕がふつうどおりに動いていたので、「だっぴしたのか

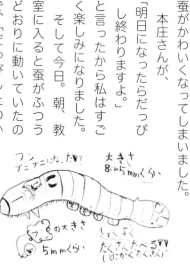

なぁ？」と思いました。でも、だっぴした皮っぽいのがあったのでだっぴしたんでしょうか？じゅぎょう中。先生が、

「お!? お‼」

と言ったのでみんなで見てみると。蚕があと少しでだっぴし終わる所なんです‼

「がんばれ～。がんばれ～。」

と言いながらみんなでおうえんしました。どんどんどん皮をぬいで、おしりのトゲが見えてついにぬぎました！

「やったぁ！」

とよろこびました。本当にすごいと思いました。

　蚕って、すごいなぁ～。

3 まゆになるのが楽しみ！
～カイコの観察

カイコが大きくなると、食欲が大きく増していきます。休み時間には学校前の桑の木からたくさんの葉を集めてきます。放課後や休日に集めた葉を持ってくる子もいます。朝は、飼育箱の掃除、入れ替えを毎日行います。手のひらに乗せてかわいがり、ほおずりをする子もいます。

　愛情を持って世話を重ねていくにつれて、観察日記の表現もより生き生きとしていきました。

・けっこう成長しました。長さ6㎝くらい。フンの長さは3㎜。前よりもしょくよくがふえました。前よりぷよぷよしています。上から見たら、何かの線がとても速く動いていました。ちゃんとまゆにして、きれいなシルクを取りたいです。（K子）
・カイコが8㎝5㎜くらいになったよ！　とってもうれしいよ！　フンが少しやわらかくなりました。何でだろう？　とっても気になります。来週まゆになるから楽しみ。でもまゆになってほしてぐつぐつにるのがとてもいや(>_<)それまで

のあいだ、きちんとかわいがりたいなー。

（A子）

4 カイコが繭に！

カイコが大きくなり、そろそろ繭を作る時期になりましたので、開拓記念館の本庄さんに再度来ていただいて、蔟（繭を作る部屋）を作りました。

繭づくりには３日かかる

糸を出し始めたカイコを蔟に移していきます。繭を作るようすは、みんな食い入るように観察します。

すべて繭になったら、蛾にならないように、手作りの繭乾燥機で乾燥します。これまでかわいがってきたカイコですから、「早く糸を取りたい」と言う子と「かわいそう」と言う子とそれぞれいます。糸を取るために育てているカイコですが、いのちについても考える機会になったのではないかと思います。

カイコがマユになるかな

M男

さいしょでっかいカイコがいました。とつぜん、朝になったらマユになっているカイコがいたよ‼

これからどんどんふえてー、糸を出してるのをあわせて21ぴきになりました。えーーー！　と、すごくすっげえーと思いました。

一番早くマユになったのは7月2日火曜日でした。これからもっとふえると思います。45ひきぜんぶマユになってほしいけど1ぴきはせいちょうがおそいのでしんじゃうかわかりません。一番早くて7月2日なのでできあがるまで3日から5日糸を出しつづけます。

マユは糸を出したらカイコが見えなくなりました。

マユになってんのをまぶしにいれています。早くふとんかんそうきでかんそうしておゆでしっかりぐつぐつにてシルクにしたいです。

5 糸繰りは、難しい！

三令から育てて繭にしましたが、子どもたちは「卵から育てたい」と言うので、夏休み明けに二百個の卵を取り寄せ、育てました。数は四倍になり、カイコが小さなうちは温度、湿度管理も繊細で、世話はたいへんでしたが、熱心に育てました。

すべてが繭になったところで、繭から糸を取り出しました。屯田開拓記念館に展示してある糸繰り機を借りることができ、かつて屯田兵の人たちが行っていたのと同じ方法で糸繰りをしました。

本庄さんに手伝っていただきながら、糸が切れないように、絡まらないように、気を配りながらの作業で、子どもたちにはとても難しく感じたようです。

糸繰り作業は楽しい

・屯田兵の人は、すぐ切れるのにまゆの糸をいっぱい取っててすごいなと思った。お湯から出たら切れちゃうからとても大変だった。でもきれいに取れてよかった。

（M子）

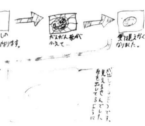

・少しだけでもとても大変なのに、屯田兵の人たちはもっとたくさんのまゆで作業していたなんて、すごいと思いました。取れた糸がとってもきれいでした。

（U子）

・糸くりをして、意外に1つのまゆから糸を取るのってものすごい時間がかかって、びっくりしました。昔の屯田兵の人たちは、ものすごく何時間も何時間もかけて作ったんだなぁと思いました。しかも、すぐ糸が切れて大変でした。意外に取ってみて糸が固くてびっくりしました。

（N子）

6 感動体験は、表現を豊かにする

残った繭を使って、繭玉人形を作りました。自分たちが愛情を持って育てた繭ですので、とても生き生きと楽しく作ることができました。

カイコの世話や糸繰りなどの作業を通して、かつての屯田兵の人々の苦労や思いについて感じたことはグループごとに、絵本、紙芝居、劇にまとめて発表しました。カイコの世話を通して、自分たちが住む地域を切り拓いた屯田兵の人々について、子どもたちなりに思いを馳せることができたのではないかと思います。

カイコの世話を重ねて、カイコへの愛着が増すにつれて、作文や観察日記の記述は生き生きと豊かになっていきました。感動体験、伝えたいと強く思ったことがあった時に、子どもの表現も豊かになっていくのだということを、改めて感じることができました。

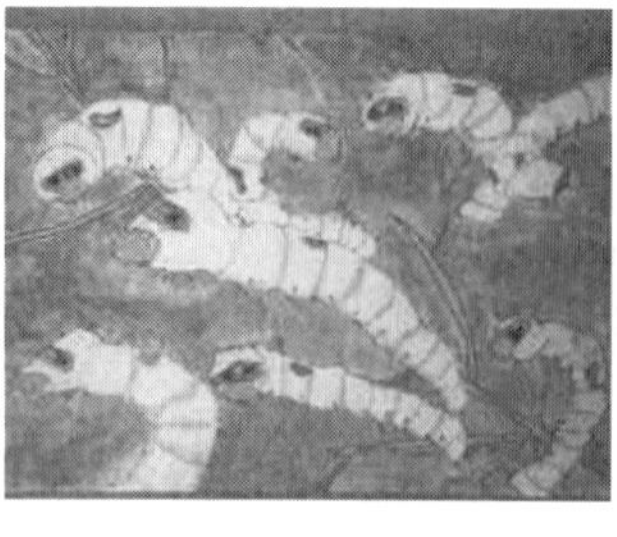

2 「『調べ学習』で『報告する』文章」を書く

社会科や理科の教科学習、「総合的な学習の時間」では、テーマを決め、地域に出て調べる学習に取り組むことが多い。そこで見聞きしたなかみをどうまとめ、人に伝えるか。記録や観察してきたメモを、自分が書く文章にどう取り入れるか。報告文で大事なのは気付きや発見の事実に即して「何を伝えたいか」である。

地域を知り、書くことで学びを広げ、深める

濵中一祝（東京）

1 調べに行ったときのことを書く

国語の教科書に『報告文を書く』という単元があります。教科書で書かせる〝報告文〟は、「記号について調べ、報告する文章を書く」「ことわざを本で調べて、報告書を書く」（M社3年生）というように『情報の整理・分類』等に重きを置き、書き方の形式を教えることを重視しています。それは、ここで学んだ書き方を〝総合的な学習の時間〟などで生かしていくというねらいをもっているからでもあるようです。

「報告文」を書くときの題材は、自分が調べたり、見学したりしたことが多いです。子どもたちが調べた内容を単に形式的にまとめ上げるのではなく、もっと意味のあるものにするには、どうしたらよい

か!? そのことを考えたとき、やはり調べに行ったり、見学したりした（時の）事実を書くことだと思いました。それも立派な「報告文」になり得るからです。

また、書かれた文章からは、調べに行ったときの子どもたちの生の姿を知ることができますし、話してくれた人の思いや生活の営み、生き方なども肌で感じることができます。

ここでは、三年生の社会科で「学校のまわりの様子」と「人々のくらしのうつりかわり」という単元を学習したときに、その発展学習として、

・羽村の名所・旧跡を調べよう。
・羽村の昔調べをしよう。

というテーマで調べ学習をしたときのことを例に挙げてみたいと思います。

まず、調べ学習は、総合的な学習の時間に行い、学習カードにまとめました。

作文は、そのことをもとに、実際に調べに行ったり、近所の人や祖父母等に聞いたりしたことを書きました。子どもたちは、作文に書くことで自分が調べたことについて、より深く認識できたようです。

また、何人かの子の作文は、クラスで読み合いました。そこでは、友だちが調べたときの様子を場面として思い浮かべて想像でき、調べた子や話してくれた人の思いをより身近に感じたり、受けとめたりすることができたようでした。読み合ったときの意見交流では、そのような感想や意見がたくさん出されました。

2 羽村の名所・旧跡調べ

名所・旧跡という言葉は、三年生にはちょっと難しかったのか（どういうものをいうのかは説明したのですが）、後から子どもたちから出てきた〝名所・旧跡〟を見ると、ちょっと違うかなというものもありました。ただ、実際に、子どもたちが調べたものの多くは、神社やお寺、玉川上水、まいまいず井戸

など歴史的・文化的なものでした。

①子どもたちから出された名所・旧跡

・間坂・羽村のせき・奥多摩街道・青梅線
・チューリップ畑・玉川上水・玉川神社・雨乞い坂
・阿蘇神社・禅福寺・羽村動物園・まいまいず井戸
・旧下田家住宅・一峰院・日野自動車・多摩川
・羽村大橋・多摩川橋・美原会館の横の大きな木など

②保護者の協力を得る

この調べ学習に当たっては、調べる対象が学区内だけに留まらないことと、初めての調べ学習ということも考えて、保護者にも協力してもらいました。そして、そのためのお知らせも出しました。

調べ方は、パソコンなどで調べるのではなく、〝実際に足を運んで調べる〟。できれば、〝そのことをよく知っている人に話を聞けるといい〟ということも伝えました。

子どもたちは、調べたことを書いたメモをもとにして、学校で学習カードにまとめていきました。作文に書いたのは、その後です。

③調べたことを作文に書く

今回の調べ学習は、親がついて行って、石碑に書いてあることを説明してくれたり、そのことがわかる人に話を聞いたりして学んだので、書くときには、そのときのようすを「〝会話文を入れて書く〟といいよ」ということも話しました。

そのなかの一つの作品です。昴太君は、登校途中などに見かける一本の大きな木が気になっていました。所謂〝名所・旧跡〟ではありませんが、自分が生活する地域にある〝シンボル的な一本の木〟のことに関心をもったのです。そして、この木のことをテーマにしました。

美原会館の近くの大きな木

三年　昂太

　ぼくは、九月十二日に、美原会館の近くにある木について調べました。これをやるきっかけは近いし、前、この木でっかいなあ、調べてみたいなあっと思ったからです。（中略）

　その木のある家に行ったら、だれもいなかったので、近くの畑をたがやしているおじいさんに、

「すいません。あの大きな木は、どこからとどいたりしたんですか。」

と聞いてみました。すると、

「あれは、北海道からとどいたんだよ。」

と教えてくれました。ぼくとお父さんは、

「ありがとうございました。」

と言いました。（中略）そして、そのへんを歩いていると、大きな木のある家の人がちょうど車で帰って来ました。それで、さっそく、

「すいません。あの大きな木は、どうしてあんなになったんですか。」

と聞いてみたら、その人は、

「木のすぐ下にいどがあるから、それをすってるから。」と言っていました。

「あの大きな木は、何ていうしゅ類なんですか。」

と聞いたら、

「大昔の植物で、メタセコイアって言うんだけど、今はセコイアって言うみたいだよ。」

と言っていました。それで、

「あの木は、いつごろ植えたんですか。」

と聞きました。すると、おじさんは、

「五十年前、三十㎝のなえをもらって植えたんだよ。」

と言いました。ぼくは、さいしょはそんなに小さかったんだと思いました。その後、

「あって、良かったなあっていうことはありますか。」

っと聞いたら、

「あきる野の方や小作駅の方からも自分の家のい

ちが分かるからいいんだよ。この木が、目じるしになるからなあ。」

と話してくれました。

「では、困ったことはありますか。」

と聞いたら、

「カラスが木の上にすを作って、下の畑の作物をすべてあらしてしまって、さらに子どもに取り方を教えているから、やっかいなんですよね。」

と言いました。ぼくは、それを聞いて、カラスがすを作っているなんてと思いました。そして、子どもに取り方まで教えてしまうって、どういうふうに教えているのかなあと思いました。（中略）

「まだありますか。」

とぼくが聞いたら、

「あります。」

と言って、

「車の上に花ふんが大量に落っこちて、黄色になってこまったんだよ。」

っと言ってくれました。そんなに大量に落っこちて来たら、真っ黄色になってしまうんだろうなあと思いました。

その後に、木の高さは、今何ｍぐらいかを聞こうとしたら、お父さんが、

「今日、サッカーあるから、早く帰って昼ごはん食べなきゃ。」と言ったので、

「ええっ。まだ知りたいことあったのに。」

と思ったけど、しかたないから、もう他のこと（発表していいか）を聞くしかないかと思いました。（中略）そして、ぼくは、

「ありがとうございました。」と言って、外に出たら、お父さんがいました。

その家のにわを出て少し進んだら、ぼくは、お父さんに、

「あれ、何ｍぐらいかなあ。」

と、あの大きな木をゆびさしながら聞きました。そしたら、お父さんが、

「十五ｍぐらいかなあ。」

と言って、ちょっとたったら、

「やっぱ、二十mぐらいかなあ。」

と言ったので、ぼくは、お父さんに、

「なんで。」

と聞きました。そしたら、お父さんは、

「だいたいビルの一階の高さは、三mだから、五階で十五m、六階で十八m、七階で二十一mてい度だから、だいたい二十mなんだよ。」

と教えてくれました。ぼくは、その時、

「まだ大きくなるのかなあ。」

と思いました。

家に帰り、お父さんといっしょに、ちょっとだけまとめをしました。そして、ぼくは図かんを見て、メタセコイアの高さのところを見たら『三十〜五十m』と書いてあったので、まだまだ育つことが分かって楽しみになりました。

3 羽村の昔調べ

昔調べについても〝名所・旧跡調べ〟と同様、保護者に協力のお願いの手紙を書きました。子どもたちが調べたものの多くは〝昔の道具〟についてでしたが、なかには〝戦争中のこと〟を祖母から聞いたり、地域にあった〝家畜小屋〟のことを調べたりした子もいました。

そのなかの一つ、治奈さんは〝父が子どもの頃あったという家畜小屋のこと〟を調べたことを書きました。

家ちくのことを教えてもらったこと

三年　治奈

お母さんに調べ学習のことを話すと、ドバイにいるお父さんに電話をしてくれました。すると、しばらくして、エアメールで家ちくのことが書いてあるメールがきました。お母さんが、メールのないようをうちだしてくれました。（中略）見てみると、けっこうりっぱな地図でした。

この地図を見ると、お母さんが、

「さんぽのついでとして写真とって来ようよ。」

と言ったので、私も、

「そうだね。」

と言って、妹とお兄ちゃんをさそって出かけました。（中略）地図をみると、やっぱりここは家ちくのかっているとこでした。中に入って、

「すみませーん。」

と言うと、一人おじいさんが出てきました。おじいさんは、リヤカーで土を運んでいたので、畑の仕事をしていたみたいでした。そしたら、お母さんが、

「むすめの調べ学習で、昔のことを調べてきてほしいと言われたので、家ちくについて調べようと思うので、お話を聞かせてもらいたいんですけど……。」

と言ってしまったので、私は、はずかしいから、こそっと、「いいよ。写真とるだけで。」

と言うと、お母さんもこそっと、

「せっかくだから、こういう時は、聞いておいた方がいいの。」

と言ったので、おじいさんの話を聞くことにしました。まず、お母さんが、

「あの小屋は、何がいた小屋なんですか？」

と聞くと、親切に、

「ああ、あそこには、ぶたがいてね。一小屋に三びきいたんだよ。今じゃもうものおきに使っているだけだけどね。」

と教えてくれました。あの小屋とは、私が、ものおきのような所だと思ったとこでした。すると、またお母さんが、

「じゃあ、そのぶたは子ぶたのころからかっていて、いた子ぶたがおとなになったら、子ぶたを産ませて、大人になったぶたを売っていたんですか。」

と聞くと、

「そうだよ。」

と言っていました。おじいさんが、

「このぶたの仕事はねえ、私のおやじからやっていたんだよ。」

と言っていました。

次に、にわとり小屋へ行きました。見てみると、ここもやっぱりものおきになっていました。そして、私もおじさんに、

「このにわとり小屋は、何びきぐらいかっていたんですか?」

と聞くと、

「ん~五百ぱぐらいかな~。」

とだいたいだけど、答えてくれました。おじいさんが、

「産むようになると、一日一こは産んでたね~。」

と言っていました。私は、びっくりして、

「一日一こですか!」

と言うと、おじさんは、

「そうだよ。」

と、また言ったので、そうなんだと思いました。


「全部で三だんあってね、そこに一箱ずつあって、にわとりが入っていたんだよ。」

と言ったので、私は、だから五百ぱもかえたんだと思いました。それから、お母さんが、

「ほかにもかっていたものはありますか?」

と聞くと、

「あとかいこもいたねぇ。」

と言って、かいこがいたとこにつれていってくれました。けっこう広かったので、かいこもいっぱいいたんだなと思いました。おじさんがかっていた家ちくも、全部話が聞き終わって、入口のところまでもどってきました。お母さんが、

「小屋を写真とらせてくれませんか?」

と聞くと、

「いいですよ。」

と答えてくれたので、何まいか写真をとると、そのままおじさんの前へ行って、

「ありがとうございました。」

と言いました。すると、お母さんは、

「私の方も、けっこう勉強になりました。」

と言って、頭をさげていました。

　それから、おじさんの家を出て、近くにおばあちゃんちがあったので、その家に行きました。お茶をお母さんがごちそうになっている時、私が、

「ねえ、家ちくのこと知ってる。」

と聞くと、

「知ってるよ。」

と言っていたので、お父さんからも教えてもらった家ちくのことの中に出ていたこえだめについて教えてもらうことにしました。聞いてみると、

「こえだめはね、ぶたのふんをためておくとこなのよ。」

って言ったので、私が、

「どんな形をしてたの。」

と聞くと、近くにある紙をとって絵に書いてくれました。けっこう深いみたいです。そしたら、

「これね、子どもが近くで遊んでいてけっこうやわらかくなってる土だから、『ズボッ』といって落ちちゃったんだよ。かわいそうよねー。」

「じゃあ、そのあながたまっちゃったらどうすんの。」

と私が聞くと、

「三か月に一回かな～、そのぐらいにきて、中のものをとっていったんだよ。」

「へえ～そうだったんだ。」

　私は、こえだめがあったら、こえだめのふんを取りに来る人がいたんだと感心しました。

　それからちょっとたって、家に帰ったら、お母さんに、

「早くおじさんの家でとってきた写真いんさつして。」

とたのむと、パソコンを立ち上げてくれました。写真の中で、４まいいいのをえらんで、うちだして見てみると、ものおきになってるとこがあったので、これでぶた小屋だって思ってくれるのかなと思ったけど、そのままにしておきました。

これで、だいたい家ちくのことが調べ終わったので良かったです。おじさんもやさしく教えてくれたので、楽しかったです。これなら学校でやるまとめもちゃんとできそうです。

4 教科学習のなかに書くことを取り入れたい

先にも書きましたが「報告文」というと、教科書では、レポート形式に書かせるものが多いようです。ただ、それですと単に形式を教えているに過ぎません。今回の調べ学習のように、実際に調べに行ったときのことを書かせるのは、人から学んだ事実を書くことを通して〝人間を学ぶ〟ことができると思うからです。最初の作品でいうと、そこに住んでいる人の木への思いや生活を知ることができます。

後の作文は、もう少しつっ込んで聞けたらよかったなという面はあるものの（なぜ今は家畜を飼っていないのかなど…）……でも、三年生の初めての調べ学習で、そこまで求めるのは無理かなとも思っています）、今ではまったく見られなくなってしまった人々の生活の営みを知ることができています。ただ単に今も残っている小屋を見て確かめただけではなく、これもやはり人から聞くことで、昔（今から三十~四十年位前）のようす（地域に、このような産業があったこと）や、そこで生活していた人の思いを知ることができています。

私は、このような学びを、これからもできるだけ教科学習のなかで取り入れていきたいと思っています。そして、そのことを〝作文に書く〟ことを通して、子どもたち全体に広げ、深めていけるような学習をしていきたいと思うのです。

3 「説明する文章」を書く

発見し、体験し、感動したことを「見えるように」、「聞こえるように」書こう

低学年では身近な生活の中で、体験したことを思い出すために、「あったとおりに、したとおりに」「五感をはたらかせて」書くことを指導したい。中学年では自分が説明したいことをはっきりさせ、取材に行った時のことを思い出し、様子や会話や聞いたことなどを入れて、読む人に分かりやすい文章を書くようにしたい。

上四元 徳文（東京）

1 「〜みたい」と発見した喜びをほめながら

学習指導要領では、低学年で「身近な事物を簡単に説明する文章などを書く」という言語活動例が出ています。私も、発見したり世話をしたりした生き物から選んで、図鑑でも調べながら、感想も入れて体の特徴、すみか、えさなどについて書かせたことがあります。教室に掲示して紹介し合うと、生き物博物館になったようで、学習のまとめを楽しみました。

しかし、「説明」をする対象が難しすぎたり、簡単なおもちゃ作りの説明になってしまったりすると、書く意欲をあまりもてないという苦い経験をしたことも、ありました。

そこで、私は、低学年では、順序よく説明を書かせる指導に重点を置くのではなく、自分が関わった感動体験のなかで「発見した喜び」「考えた喜び」を書く機会を大事にしていきたいと思いました。身近な人（友だち、家族）にわかるように書くために、「見えるように、聞こえるように書こう」という呼びかけで表現意識をもたせていこうと考えました。その指導が、作文の中で必要だと感じたときに、説明を入れていく力になるだろうと考えました。

「見えるように」「聞こえるように」が、一年生の子どもたちにそのまま理解できるわけではありません。私は、朝顔の観察のとき、「〜みたい」とほかの物に例えて表現する視点も与えて、「発見したね」と板書しながら褒めていきました。

担任の予想を超えた表現が出てきます。双葉の観察では、ちょうちょ、とんぼ、ウサギの耳、カニのはさみなどは、よく出てきますが、今年は、「歯」「らくだの背中」「フォーク」「亀の足」「クチパッチの口」なども発表していました。

大きくなってきた植物を描くのはたいへんですが、二年生では、花の後なら「実のつきかたをよく見てごらん」、大根なら「上から見た葉のようすをよく見てごらん」と発見のヒントを与えて、観察させました。算数で長さも学習していますので、その学習の成果も活かして表現を褒めていきました。

発見を大事にしながら、対象をしっかり見つめていく表現力や態度が少しずつ身についてきていると

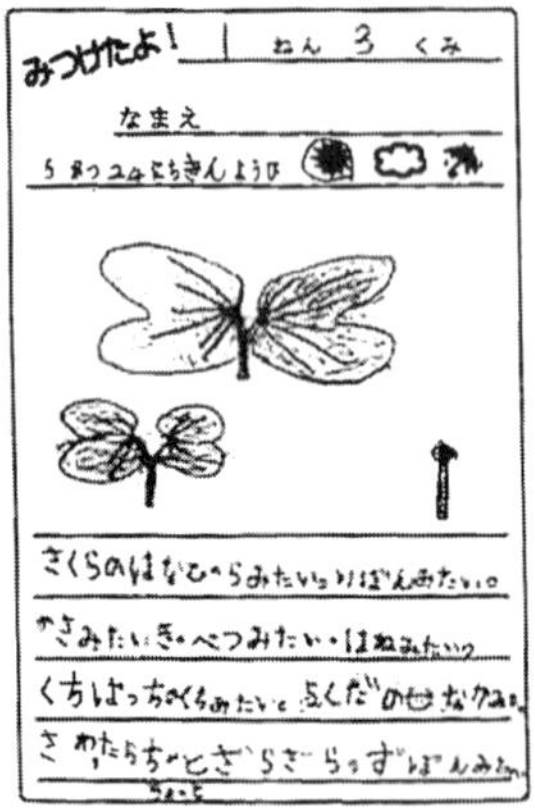

だいこんのは

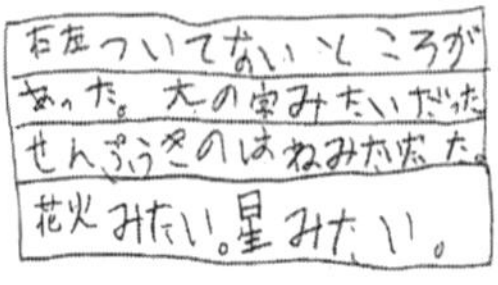

感じました。

2 地域の素敵な人と出会うなかで

生活科の学習で、地域で働く素敵な人に出会わせ、自分の住む地域のよさを発見させたいと考えました。この地域は、公園が多いのですが、働く人のようすが見えるところが少なく、低学年の子どもたちでも関わりをもて、安全に見学できる店・工場を決めるのに、苦労しました。私も、異動したばかりでしたので、学年三クラス一緒に行動してお店の人と出会った後、書いた作文を学級通信に載せて、お店の人の素敵なところを確認していきました。

七月には、遠足のお菓子や、体育着などの販売でお世話になっているお店をはじめ、うどん屋、ケーキ屋、スーパーマーケットを見学しました。先生が買い物をするところを見せて、お店の方の受け答えや商品の並べ方の工夫などのよさを調べた順にまとめました。

すてきなお店たんけん（作文の一部）

二年　いわな　ことね

まずさいしょに、わかつきしょうてんに行きました。わかつきしょうてんのおばさんは、「みんながかいにきてくれると、うれしい。」と言っていました。おばさんは、えがおで、やさしそうでした。

そして、ささき先生が、グミをかいました。お金をはらってから、おばさんが、「ふくろは、いりますか。」と言っていて、おばさんはやっぱりやさしい人なんだなと思いました。

つぎに、うどんやに行きました。うどんやのたかはしさんは、四十どのちゅうぼうではたらいているなんて、びっくりしました。わたしは、（四十どだったら、すごくあついだろうな。）と思いました。たかはしさんは、

「おきゃくさんに、『おいしい』と言われた時がうれしいです。」

と言っていました。前に食べた時、ざるそばがいちばんおいしかったです。また食べに行きたいです。(後略)

お店の方が話した言葉からお客様を大切にして頑張っていることを話し合ったり、自分がお店に行ったときの経験を出し合ったりしました。友だちの作文も読むと、笑顔だけでなく、すばやくうどんを作る動き、厨房で働く人の汗、ケーキ屋ではパティシエが衛生に気をつけて作っている服装なども発見できました。発展として自分でお花屋などのお店を調べてきて、紹介文を発表する子も出てきました。

二学期には、江戸風鈴の工場で篠原さん夫婦の技を見学できました。夏の間は、フル回転で風鈴を作り、その後傷んだ炉を作り直した時期に見学させていただけることになりました。

事前に、風鈴作りの動画(インターネットの街ログ)を見せて、風鈴への関心を高めるとともに、学区域にいる有名な職人さんに質問したいことを考えさせて、ワークシートにメモさせました。風鈴の形を作る所と内側から絵付けをする所を見学した子どもたちは、プロの技に感動していました。

しのはら風鈴工場を見学したよ(作文の一部)

二年　今中　ゆら

わたしたちは、まず風鈴の形を作るところから見学しました。そして、

「よろしくおねがいします。」

と言って、やり方を見せてもらいました。

さいしょに、口玉を小さく上手に作っていました。そして、わたしは(口玉をそのまま風鈴にするのかなあ。)と思いました。そうしたら、ゆたか名人が、

「口玉の上に、もう一回ガラスをまきます。」

と言っていたので、びっくりしました。

そして、名人は、くるくるぼうを回しながら、

いきを通していました。そして、ガラスがふくらんだら、はりがねを通して、あなをあけていました。

「このぶぶんが風鈴になります。」

と言っていました。

　そして、名人が、

「先生、やってみてください。」

と言いました。佐々木先生がやったら、ガラスがたれちゃいました。もう一回佐々木先生がやったら、一回で大きくなって、またしっぱいでした。（いがいと、むずかしいんだな。）と思いました。

（後略）


　名人の言葉が自分の予想と違ったことをしっかり思い出しています。また、名人が簡単そうに風鈴の形を作るのですが、担任がやってみると、うまくいかないようすを見て、名人のようすと比べています。こんな書き方が、体験を通して説明したり、考えたりする力を伸ばしているのだと思います。

３　友だちは協力者、お母さんたちは先生

①うどん作り

　一年の秋から小麦を育て、二年で刈り取り、脱穀をして、うどん作りに挑戦することにしました。お母さんたちには、体験の前に手順を絵入りで掲示して、けがのないように包丁で切る所は順番についてもらうこと、熱い鍋から麺をザルに移す所はやってもらうことを説明しました。

　子どもたちは、体験の後、育てた小麦が麺に変化することに驚き、おいしかったので、学習したことをていねいに思い出して振り返りたいと思う気持ち、家でも作ってみたい気持ちでいっぱいになっていました。小麦五十グラムはおみやげにしたので、家でも作って楽しんでいました。

うどんがおいしかった（作文の一部）

二年　川うら　ゆうせい

きょう、うどん作りを家てい科室でしました。ぼくは、おいしいうどんができるかなあと思いました。さいしょに、しお水は、大人がさきに作っていました。そして、ジップロックの中の小麦こに、しお水を少しずつ入れました。わしおさんが半分入れて、ぼくが半分入れました。

そして、こねました。ぼくがさいしょにこねました。二十回こねたら、こうたいで、だんだんやっていくと、かたくなって、ぼくは、つぶしてこねました。小麦こをつくえの上において、ぼくの手をのせて、体じゅうでおしてこねるというやり方でやりました。そうしたら、楽しょうでできました。

つぎは、おして、のばしました。手でおして、まるめて、わしおさんは、つかれたようにやっていました。こうたいして、ぼくは、十五センチメートルのばして、またまるめて、つかれました。

そして、小麦こをまないたにのせて、めんぼうでのばしました。さたけさんとあい原さんのやり方を見た時は、（かんたんだな。）と心で言いました。

でも、やってみたら、（うわあ、なんだ、これ。かんたんだと思っていたら、ちょっとかたいぞ。）とびっくりして、心で言いました。（後略）

生活科で学んだ体験を説明しながら自分の気持ちを思い出しているので、川浦君にしか書けない「うどん作り」となっていると思います。これを作り方の説明だけ書いたとしたら、料理のレシピを味気なく書いただけになってしまったことでしょう。

②赤ちゃんのお世話体験

二年三学期は、生活科で「大きくなった自分」を誕生の頃から調べて、わかったことや考えたことを家族にインタビューしながら書く学習に取り組みました。

　また、看護師から骨盤の模型などを見せてもらいながら、おなかの中で一ミリより小さい存在から大きくなり、誕生のときの奇跡（どのように狭い骨盤を通り抜けるか）を学んで驚いていました。

　そして、母親教室で使う赤ちゃん人形を借りてきて、赤ちゃん人形を使いながら、お母さんたちを先生役にして体験学習をしました。「だいてあやす」コーナー、「おむつこうかん」コーナーなど、五つのコーナーを設置しました。

　子どもたちは、感想を書くワークシートを持って、それぞれのコーナーで体験しては発見したことや考えたことを書いていました。それをもとに作文を書きました。紙数が尽きましたので、ほんの一部紹介します。

赤ちゃんのお世話体験をしたよ（作文の一部）

二年　かめ川　さよ

（前略）つぎのばしょに行きました。「おふろに入れて、ゆざましをのませる」というところに行きました。お母さんたちが、どうやってやるのか教えてくれました。さいしょに、赤ちゃんのようふくと下ぎと、おむつをぬがせて、赤ちゃんのからだをあらいました。ぬれているガーゼで体をあらいました。おふろは小さかったです。あったかいおゆで体をあらってあげました。わたしは、足と体のちょっとだけおゆにつからせました。赤ちゃんがおもいので、赤ちゃんの頭がちょっとついちゃいました。お母さんたちに、

「頭をつけたら、だめだよ。」

と言われたので、おもいけど、がまんしました。

（後略）

　一つひとつの個別体験をていねいに思い出しながら、その中で考えたことを表現していくことが、体験の少ない小学生にとっては発見事実をしっかり見つめることになると思う毎日です。

4

「読書感想文」を書く

楽しかったことは人に伝えたい。それは本との出会いも同じこと。自分に合った本・おすすめの一冊を「こう読んだ」と、本との出会い、読後の考えや意見を入れて書く。友だちにわかるように「あらすじ」も簡略にまとめて書き入れ、そのことをもとにして、友だちと交流したい。

本を通して子どもの思いや生活につながる楽しさ

山沖 素子（高知）

1 「読み聞かせ」こんな本を紹介しながら

三十七年間の教職で重ねたさまざまな実践の中でも、読み聞かせを中心にした読書指導は充実したものでした。

本を通して自分や生き方を見つめ、認識を深めたり未来を拓く思いを確かめたりしたいとき、読書感想文を書くという活動があります。その時大切なのはどの本で書くかということです。そして書く本を選ぶには、日常の日記や会話、日々の営みの中での子どもの姿をつかんでおくことが大事です。

私の実践は、読書感想文を上手く書かせようということではなく、子どもの思いや生活とのつながりを持つことを楽しんで書かせてきただけのささやかなものですが、作品も紹介しながら述べていきたいと思います。

2 体験したことをつなぐ

一年生の子どもたちはお話が大好き。楽しかったことなどたくさんお話してくれます。その体験のなかで木登りをした子に「おおきな木がほしい」（さとうさとる）という楽しい本で書くことを勧めました。この本は一年生の必読図書でもあり、学級で読み聞かせをしていたものです。

書かせる前に休み時間を使って本を見ながら話を聞きます。「保育園の時木に登ったんだって？　どんな木だったの？　この本で気に入ったのはどんなこと？　もしお家にこんな木があったらどうしたい？　お家に木はあるの？」というように。そして話したことをメモしておき、それをもとに文章にしました。

「大きな木がほしい」をよんで

一年　女子

ほいくえんのときは木にのぼるのが大すきだった。ほいくえんの木はすこし小さくてまわりをぼうでかこんでいたので、ぼうにのぼってから木にのぼった。木のみがいっぱいなって、とるのがおもしろかった。

大きな木がほしいのおはなしで、とってもきにいったのは、木の上におうちがあったり、はしごをかけているところ。どうやってつくったんだろう。

いえのなかには、だいどころとかつくえとかベットがあって、すごいなあとおもった。ぜんぶ木でできていて、じょうぶそうだった。

もしわたしのうちに木があって、こんなへやがつくれたら、とりやとんぼとなかよくなりたい。おうちからそらが見れるようにしたい。

あかとんぼがとんでくるろうなあ。よるはほしが見えるろうなあ。くまはふゆにとうみんするだろうけど、りすやとりはあそびにくるだろうなあ。そんなことをかんがえると、とてもたのしくなる。

いえの上にはしごがつづいているところで、どこまでつづくろうとおもった。てっぺんのリスのすのところまであって、まだはしごがあったので、どこまでいくのかなあとおもった。そしたらとりのいえについて、かぞえきれないほどとりがいたので、すごいとおもった。こんなにとりのともだちがいたら、一日に二かいはあいたい。いっしょにあそびたい。とりのとびかたを見たらそらをとべるかもしれない。

わたしはすべりだいでもたかいところがすき。おうちにさくらんぼの木があるけど、とりがたべにくる。さくらんぼの木におうちをつくったら、たのしそうだな。

感想文は教室で読み聞かせをします。みんなが想像をふくらませて木の上に作る家を考えて楽しみました。本を通して、体験が共体験になり、より面白いものになっていったことです。

――体験と結んだ本――

「あな」（谷川俊太郎）、「もりのむしとのはらのむし」（三芳悌吉）、「あかしろあおいち」「ほねはおれますくだけます」（かこさとし）、「ざりがに」（吉崎正巳）

3 日記や作文に書いた思いをつなぐ

世界は戦争にゆれ、テレビでは戦闘シーンが映し出されています。二年生の子がそれを見て怖い思いをしていました。日記に書かれたその思いを、未来に向かう形で考えさせたいと思い「地雷ではなく花をください」（絵・葉祥明　文・柳瀬房子）を読み聞かせて紹介しました。

書く前には日記のことから話を聞きました。そして本については「一番心に残ったことは？　もし僕だったらと考えたことは？　願いは？」などを聞きました。花いっぱいの場面でほっとしたような表情になった様子を見て、この本で書かせてよかったと思いました。

「地雷ではなく花をください」を読んで

二年　男子

ぼくが一番心にのこったのは、地らいでけがをしている人がならんでいるところです。

地らいをふんだ人が、車いすにのっているし、まつばづえで立っている人は一本足だし、ほうたいをまいているどうぶつもいました。

もしぼくが、車いすにのるようになったり、足が一本なくなったりしたらと思うと、この場めんを見ただけでも心がいたくなります。

地らいがばくはつした場めんでは、どこに地らいがあるかわからないので、ふんだらそのままばくはつするから、あぶないなあと思いました。

ぼくはニュースで、地らいのことは見たことはないけれど、せんそうのことは何回も見ました。ばくだんをおとされた国の人がくるしんでいるようすを見ました。おじさんの人が子どもに、ばくだんのけむりが入らないようにティッシュで口をふさいでいたり、マスクをしている人もいました。びょういんで目をつぶってうなりながらねている人もいました。歩いていて、ちょうどばくだんにあたってたおれそうになっていた人もいました。

ぼくは、そんな人たちがしんでしまいそうで、びょういんもばくだんでなくなりそうに思っていやでした。たおれた人をそのままにして、びょういんにもはこべないようすを見て、ぼくはつらくて、テレビからはなれられませんでした。

ぼくは「せんそう」と聞くと、心がこわくなって、夜もねむれない気もちになるので、家ではあまり話さないようにしています。

地らいは、せかい中で一おく十万こもあるというところを読んだとき、とてもこわかったです。田や畑にもあるというからしごとをする人もこわいし、学校の校ていであそんでいたり作ぎょうをしていてもあぶないです。

さい後に花いっぱいの場めんを見たらうれしくなりました。地らいのあるところに黄色いテープをまいているところで、早く地らいがなくなって平和になればいいと思いました。

――日記や作文と結んだ本――

「とびうおのぼうやはびょうきです」（いぬいとみこ）を読み聞かせで聞いた子は、家族を思い助けてあげたいという気持ちでいっぱいになっていました。おじいちゃんを亡くした子は「わすれられないおくりもの」（スーザン・バーレイ）のあなぐまとおじいちゃんは同じだなと心を寄せました。「ガリバー旅行記」（スウィフト）「ドリトル先生航海記」（ヒュウ・ロフティング）などを読み聞かせると、日記にも冒険したい気持ちが書かれ、それを元にした感想にその子らしさが表現できました。

田植えや稲刈りの手伝いをして作文に書いた子は、そのとき聞いた稲の生育の話が心に残り「イネの一生」（科学のアルバム・守矢登）を選んで読みました。

4　興味のあるものをつなぐ

子どもたちの中には必ず虫博士や魚博士がいるものです。野原があり田畑や川のある地域の学校ならなおさらのことで、自然の大好きな子どもがいます。

その興味を本とつなぎます。木や草や生き物に興味を持って意欲的に調べていた子が「いのちの木―

もしも地球の生き物が一枚の葉だったらー」（ロシェル・ストラウス）という上級生向きの本を図書館から借りてきて驚き一杯で読んで、その本で感想を書きたいと言った時、「なぜ、この本を読もうと思ったのか？ どんなことが心に残ったのか？ もし自分だったらと考えたところは？ 一番思ったことは？」を考えて自分でメモを書かせました。それをもとにして話を聞き、考えを深めたことを中心に文章を書きました。

生き物をたすけたい！

三年　男子

ぼくはいろいろな生き物を調べるのがすごくすきだ。今までも海毛虫やユウレイグモ、ガジュマルのことを調べておもしろかった。

海毛虫は、夏休みの自由研究で調べたけどおこると毛をたてることや、体毛にはどくがあることが分かった。パソコンで調べたのがおもしろかった。

この本の表紙を見たら、ゾウリムシみたいなものの絵があった。ぼくは細きんとかイーストきんとかいうものがあることを知って調べてみたいと思ったので読んでみることにした。

「きん」のしゅるいはたくさんあった。びっくりしたのはヤワラナタケというものだ。世界一古くて、重さは十三トンのアフリカゾウよりもあるという。千五百才だというけれど、こんなものがあることは知らなかった。

夜光虫は、月が出ると海面に上がってきてピカピカ体を光らせているからすごいと思った。ぼくは海の近くに住んでいるけど、海が夜光虫で光ったところは見たことがない。一度見たいと思う。

ジャイアントケルプという、太平洋の真ん中にあるコンブは六十五メートルもあるというからすごい。大がたのバスを五台たてにならべた長さというから、ぼくが近くにいたら小さいだろうなあ。海のそこにもぐって見たみたい。せん水かんがあったらなあと思う。

すごい魚もいた。アフリカハイギョは、水がなくなったら土にもぐって、エラではなくはいこきゅうするという。こんな魚がいることにおどろいた。いのちを守る仕組はすごい。

ものすごくすごいコケがある。雨がふると花のようにひらいて水をためる。大雨のときは、七・五リットルの水をためこむからすごい。アフリカにあるコケで、アフリカでは一年間に大雨が二、三回しかないから、次に大雨がふってくる間、水をためこむコケだ。ぼくは、そんなコケが家にあったら、おふろやシャワーにできそうと思った。

でも、ぜつめつのききにさらされている生き物も多くて、レッサーパンダやいちょうもぜつめつのききだそうだ。そんなものが少なくなっているのかと思った。学校にあるいちょうもだいじにしなくちゃと思う。

「いのちの木」の中にぼくたちも住んでいる。

そしてぜつめつのききにさらされている生き物もいる。一日に四十七しゅるいの生き物がぜつめつしているそうだ。

ぼくは、海に油が流されて、イルカとかがいなくなるという話をほかの本で読んだことがある。人間がゴミとかすてたらいけないと思う。

ぼくはぜつめつしている生き物を助けたいと思う。どうしたらいいか考えたい。

——興味と結んだ本——

クモが巣をつくるのをじっと見つめて観察した子には「クモのひみつ」（科学のアルバム・栗林彗）を紹介しました。お菓子作りが好きで「わかったさんシリーズ」をよく読んでいる子には、そのなかから気に入っている本で書かせました。

興味のあることは体験も多く、日記などにもよく書いてくることなので、楽しく書くことができます。

以上、三つの視点で主に一年生から三年生までの低学年の実践を述べました。この中で何よりも大切なのは、感想文は本の紹介と共にみんなに読んで聞かせるということです。すると、本を通してその子への理解も深まるし、読書へ誘うこともできます。

上級生は長文の本になりますし下級生と同じように話を聞くのは困難になりますが、基本的に取り組みは変わりません。時間をかけて読み聞かせをし、国語教材の学習とつなげて「川は生きている」（富山和子）の感想を書くことや、「ヒロシマのうた」「一つの花」（今西祐行）の学習につなげて「すみれ島」を読み、総合して感想を書くこともできます。また、住んでいる地域の物語を取り上げて歴史を考えながら書くことも出来るでしょう。高知県幡多郡なら「むくげの花の少女」（上野雅枝）「お月さんももいろ」（松谷みよこ）があります。それに郷土の作家の作品を読み聞かせて共感を得たもので書くこともよいと思います。ここでは「四万十川」（笹山久三）「少年たちの夏」（横山充男）などがあります。

読書は楽しいけれど感想文を書くのは嫌いだという人が多いようです。私もその一人ですが、人と本の話をするのは好きです。話をする楽しさを書くことにつなげることができればいいですね。

本を通して「人を知る」「自分を知る」ことを楽しめるように取り組むことで、感想文を書くことが人とつながる嬉しさになればと思います。

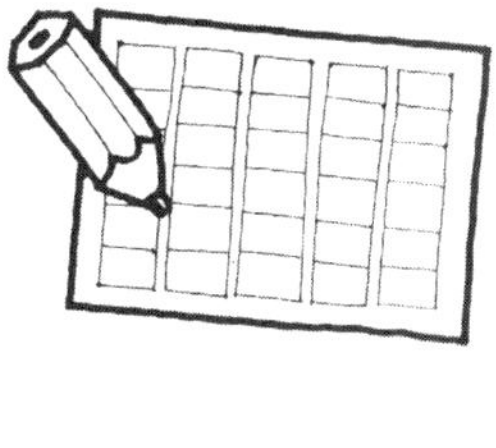

5 「手紙」を書く

手紙は、伝えたいこと、交わしたい思いが短いことばで満載されて届く〝まほうのじゅうたん〟。もらった人の心を豊かにし、生き方を励ます。心を伝え、絆を深める。手紙このよきもの。教室でもいろいろな場面をとらえ、手紙に書く機会をもちたい。

自分の思いを素直に、自分の言葉で伝える

佐藤 保子（東京）

1 「手紙」って、いいよね

先生、ぼくたちのこと四か月見てくれてありがとう。ぼくは、先生とあそんだことがたのしかったです。あと、先生のしわのことしにかいておもしろかったです。また、あそびにきてね。

ともや

この三月まで時間講師で勤めた学校の二年生になった子どもたちから手紙が届きました。担任の若い先生がお休みになってしまった学級の代打。毎日「えっ」と驚くような騒ぎが発生し、今までの経験にしがみついていては太刀打ちできない一年生でした。何人もの先生が応援に駆けつけるクラス。正直疲れる日々でした。でも詩や作文の授業は新鮮だっ

たのかノリがよく、「おもしろいなあ」と思うことを書いてくれました。子どもたちの喜ぶ顔が見たくてクラス文集まで作ってしまいました。

その忘れられない子どもたちから「手紙」までもらうことができました。ともやくんは、詩の授業で初めて字を書いた子だったのです。手紙には、人の胸の中をうれしさでいっぱいにする力があるとしみじみ思います。

2 「手紙」を書く

学校生活のなかで「手紙」を書く場面はたくさんあります。「国語」のなかでよりも、行事やイベントのごとに、決められたカードなどに書く「手紙」が多いでしょうか。

子どもたちにとって「手紙」という形式は、書きやすいようです。短くても、どんなことを書いても、話の前後が入り乱れていても構わないという自由さがあるからでしょう。また、それだから、形式的な文言で間に合わせてしまうこともあり、自分の思いを自分の言葉で伝える力がついていかないという一面もあります。

事実をよく見て、実感で書く力、自分の思いを素直に表現する力を大事にすることは、詩や作文の指導そのものだと思います。

① 「せんせい、あのね」と日記指導

さとし

せんせい、あのね。
きのうおすしたべました。
おとうさんのおみやげでした。
おいしかったよ。
せんせいにも一つあげたかったよ。

あいうえおを習った一年生が「文」を書くスタートは、読んでくれる先生への「手紙」、そう思って受けとってきました。「書く力」は、聞いてくれる、

読んでくれる、受け止めてくれる「相手」がいて伸びるものです。子どもは、書きたくない相手には書かないのだからと肝に銘じて「書く」授業を組み立てます。

それに続く日記指導も「手紙」だと思います。赤ペンとはいえ、先生の文字は「お返事」。日記を返すとまず先生の文字を追う子どもたち。忙しくて花丸で済まそうものなら、子どもたちにしかられると思いたいです。子どもの気持ちが伝わってくる、それは先生の仕事の一番の醍醐味。「書くこと」は、心と心をつなぐこと。そのことをこそ「手紙」で生かす実践をしたいです。

②夏休みだ！　お手紙ちょうだい。

一学期の終業式の日には、

「長いお休みです。先生にお手紙くださいね。」

と、住所を知らせておくのですが、年々お便りをくれる子が少なくなってきています。メールや携帯でことが足り、手紙離れのご時世です。子どもにかける親の期待、心配りが変化しています。でも、そこであきらめてしまったらいけない。「書くこと」の実践を大事にしたいからです。

私は、新卒のときから先輩の真似をして、自分の方からクラス全員の子に「夏のおたより」を届けることにしてきました。何人の子から返事が来るかいつも楽しみ。来なくてもめげない。出してくれた子に「ありがとう」が言えればいい。親の声かけがなければできないことです。だから子どもは責めない。もちろん年賀状も同じ。一枚文集〝ポプラッ子〟の二年生では、九月はじめのページは夏のおたよりをあてっこクイズページにしてクラスのみんなで楽しみました。

③お休みした友だちへ

盲腸炎で入院した友だちへ、みんなでお見舞いの手紙を書きました。

岡田君、この間お見舞いに行った時、ぴんぴんしていたから、もう学校に来てもいいんじゃいの。みんな、どうしたとか、心配しているよ。わたしは、思ったんだけど、きっと学校に来たらみんな大喜びだと思うよ。あと、児童集会で、四年三組は、劇をして、みんなうまくいって大喜びでした。岡田君、お見舞いに行ったときいろいろ出してくれて、ほんとうにありがとう。あの時メンコなんかやって、おなかにひびかなかった。学校に来たらおなかみせてくれない。見せてなんておかしいけど、おねがいね。あと、岡田君、そうじの時は、わたしたちでできるだけやってあげるわね。
さようなら。

吉井　とも子

全員の手紙を一枚文集（プリント一枚で発行、学年末に一冊に綴じて文集にする）に載せられないので、このとき〝4の3 風の子〟は、同じ班の三人を印刷して読み合いました。ところが、元気になって登校してきた岡田君、「先生、ぼくたち二班は六人です。あと二人も紹介してください。」と私に頼みに来たのです。班活動でいろいろもめたりしながらも、自分たちでお見舞いを計画。それが結果として心寄せ合うことを育てていたのです。岡田君の盲腸炎は、私に班活動と学級づくりを学ばせてくれました。

お休みの友だちに手紙を書く、こんなつながりが大事にされる学級を育てていきたいと思うのです。

④転校していく友だちへ

「作文なんか大嫌い。」と言う四年生の森君。でも、仲良しの加谷君が転校するときのお別れの手紙は、待ってましたとばかりに書き始めました。絵まで入った心のこもった手紙でした。

加谷君へ

かやが転校したら、もういっしょにあそべないのかなあ。おまえがほかの学校にいっても、おれたちのことわすれんなよ。そして、むこうの学校に行って、けんかしてもまけるな。たまには、こっちに来て遊ぼうぜ。たこあげの時、よく上がればいいけど、こわれたらまた直して、また上げろよ。むこうの学校へ行ったら、まず、友だちを見つけろよ。

森より

転校していく友だちにお別れの手紙を書いて文集にして送ることは、どの先生も取り組むことでしょう。友だちを励まし、人をつなぐ「手紙」を大事にしたいです。

しかし、五年生の太郎君との別れはつらいものでした。家庭の複雑な事情から、目の前であっという間に別れなければならなかった。担任としては大事な子どもを連れ去られるような悲しさ・無力感。まるで映画の1シーン。子どもたちは泣いて叫んだ。うつむいて父親に連れて行かれる友だちを、校門から飛びだして見送ったのです。「手紙」も渡せずに。

その数日後、お母さんから

「ごめんね、今までありがとう。太郎は大好きな五年二組でたくさん心の宝物を詰めこんでいくことができたはずです。……。」

と、お便りをもらいました。それから気を取り直して、学級のみんなで「手紙」を書いて送ったのでした。

太郎へ

元気か。太郎。大庭小学校では、楽しくやっているか。今度いつでもいいから、5の2へ手紙をくれよ。そして、いつか会いに行くからな。楽しみに待っていろよ。あと、おれと、まると、岩ちゃんでハンガー作ったぞ。大事に使ってくれよ。これからも、5の2のことを忘れずにがんばっていこう。二月一日大雨がふった。太郎がいれば、大はしゃぎして、びちゃびちゃになるまで遊んだだろう。もっと、遊びたかったぞ。じゃあな、お元気で!

晃

晃君たちの「いつか会いに行くからな。」は本当でした。この子たちが二十歳になったとき、なんと、思ってもみなかった太郎君が登場するクラス会が開かれたのです。会の隠れ幹事は、太郎君だったと後から聞いて感無量。担任のちっぽけな心配なんかより、子どもたちはつながりながら、大きく逞しく生きていたのです。子どもってすごいです。

⑤お世話になった方へ

はじめに紹介したともやくんからの「手紙」は離任式で私がもらうものでした。ついこの間まで担任として書かせる側だったけれど、ここに書いてきたような思いまで込めた「手紙」の指導ができたか、はなはだ心もとないです。でもその子らしい素直なかざらない表現が人に届くことだけは言い続けたいです。

お世話になった方へ手紙を書く場面は、高学年になればなるほど多くなります。自分の思いを素直に、自分の言葉で伝えることができれば、人の心に響く。先日、作文の会に誘った初参加の若い先生が、「この会は子どもを大事にしているんですね。」と。人間を大事にする仕事は「書くこと」だけではないが、「手紙」は教師の姿勢が反映します。心のこもった「手紙」が書けるよう、子どもたちを応援していきたいです。

3 二十才の自分への「手紙」

四年生の二分の一成人式は、今や、どの学校でも総合学習として豊かな取り組みが展開されています。

大山小の子どもたちとは「十年後の自分へ」という「手紙」に取り組みました。どの子も真剣に自分へ手紙を書きました。何を書いたのだろう。私も読めない世界。人生の中でこの十年、子どもたちは青春まっただ中を進むのだなあと思うと、預かっているこちらの方がドキドキです。私からの「成人おめでとう」のカードも入れてしっかり封をしたものを箱のタイムカプセルに入れて保管していました。

そして、十年後。

こんにちは、先生、お久しぶりです。二十歳になったら送ってくれるという手紙、無事届きました。ありがとうございます。

当時の記憶が蘇って、あの保子先生のクラスを思い出し、先生が初めて大山小に来て、下駄箱を間違えたのも昨日のように覚えています。

今自分は大学に通って一応ですが剣道を続けています。学部は法学部なのですが、文章などを書くときに先生が行ってくれた日記などのおかげで訓練されたのか、思ったことを上手く書けている気がします。

こんな自分でも、十日に成人式を迎えます。その時に大山小の人たちとも会えると思うので、先生もまたいつかお会いしましょう。いつまでも体に気をつけて、お元気でいてください。

田渕　陽

子どもたちから届いた「手紙」を読んで、元気をもらっているのは、なんと私。ありがとうのお礼の「手紙」を私の出会った子どもたちみんなに届けなければならないと思っています。

6 「総合学習の取り組み」を書く

総合学習では各学校で子ども一人ひとりの興味関心を大切に、教科学習を発展させたもの、また地域的なテーマ、今日的課題等が、様々な切り口で創意的に展開されている。いま、「学び」を成立させ、確かな豊かな学力につなげていくために大切なことは、学習のなかで、「文章を書く」場面を多く取り入れることである。

リーフレットを作り、ちびっこガイドをしよう

瀧　史子（山口）

1 ふるさと岩国を調べよう！

私が勤務する岩国小学校の校区は、関が原の戦いの後、毛利氏の子孫吉川氏が築いた岩国城と城下町で形成された町で、特に錦帯橋が有名です。ちびっこガイドは十年以上続いた総合の内容ですが、昨年文科省の指定を受けました。私は毎年地域の歴史を学芸員さんと掘りおこし授業にしてきました。

①町巡り

毎日通っている道を改めて見つめると意外な発見がたくさんあります。城下町を歩きながら、十メートルおきに止まり、そこに見えるものをメモしたり、写真に撮ったりしました。

〈感想〉

・私は町巡りに行って、今まで知らなかったことを色々発見することができました。たとえば駄菓子屋あさをの通りが「新町」とか、米屋の通りが「玖珂町」、うり坊の家の通りが「塩町」ということです。それから、松原君の家がすごいと思いました。理由は、昔風に作ってあったからです。岩国は昔の家などが残っているすばらしい町だと思いました。一番ビックリしたのは瀧先生の知り合いがたくさんいたことです。

（村田）

町めぐり

・今でも武家屋敷がいろんなところに残っていたのが分かった。殿さまを見下ろさないように屋根の作りが工夫してあることが分かった。錦帯橋の後ろにある広い道が大名小路だと言うことがわかった。色々な古い建物があるのがわかった。

（松原）

・こんな身近な場所をよく探してみると、玖珂町や柳井町や塩町があることがわかり、昔の家は全部つめつめで作られていたのがわかり家の壁は太く火事の防止だったことがわかった。

（三橋）

・町巡りの時、最初にお寺を見ました。その次に大名小道を通ってぐるっとまわり汐町や鍛冶屋町を通りました。よく通る道でも勉強しながら書くと初めて通ったような感覚がしました。色々道の名前も分かったりお店の名前もわかりました。武家屋敷もあると言うことがわかりました。

（中原）

見学を元に、絵や写真を貼り付け地図をつくりました。

②専門家からの学び

吉川資料館、徴古館の見学に行き、地図や刀などの実物を見学しました。また、それぞれの学芸員さんと、錦帯橋掛け替え時の棟梁から吉川の歴史、城下町づくり、錦帯橋の構造など、専門的なお話を聞きました。お話や自分で調べたことを元に歴史新聞を作りました。

〈感想〉

・この前見学した吉川資料館から原田学芸員さんが来られました。私が、一番印象に残ったのは、父からの七メートルもある説教の手紙です。あれだけ長い文だから広家の父元春の思いがたくさん込められているんだろうなと思いました。そのおかげで広家は改心したのでよかったです。それから、広家は岩国を治めることになった時、どんな気持ちだったのだろうと思いました。原田さんが話されたことを元に、どんどん新聞を作っていきたいです。（沼田）

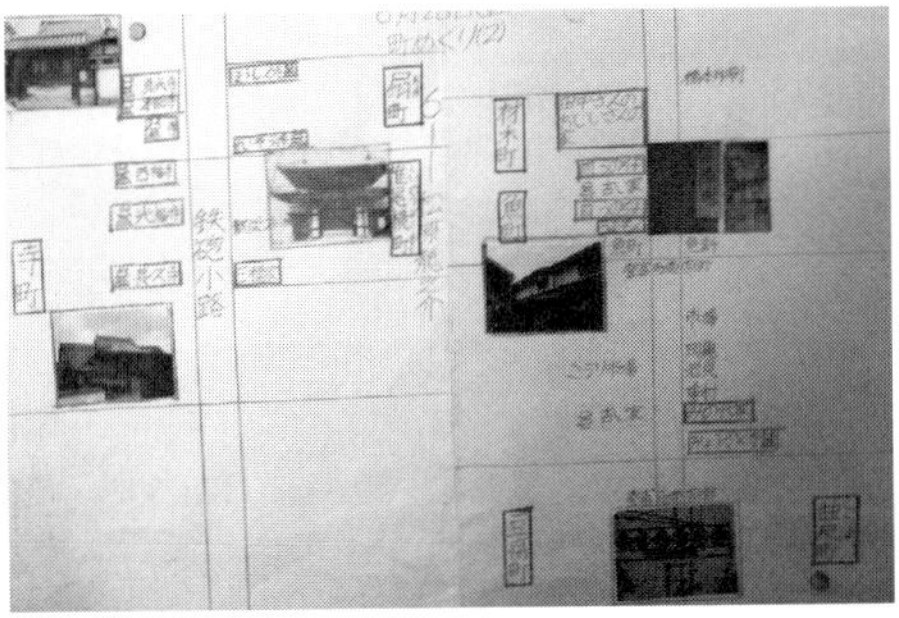

町めぐり地図

・錦帯橋はただ渡るために作ったと思っていたけど、流れにくくするためにアーチ状にしてさらに、木の性質に応じて木の種類などを変えたりして工夫がしてあったことがびっくりしました。あと、城山はただ見晴らしが良いところに住んでいることしか考えたことなかったけど、川もあり山もありの攻められにくい工夫を考える吉川に驚きました。新聞づくりに役立てたいです。（松本）

③現地研修

各ポイントに別れ、地域のボランテイアガイドさんに、現地で説明をしていただきました。

〈日記〉

・ちびっ子ガイドの現地学習で旧目加田家に行き

ました。かわらの見た目はどれも同じように見えるけど、ここは二平葺きというかわらを使っているそうです。それから、前に町巡りをした時の武家屋敷のように、目加田家もお殿様を見下ろさないように裏に窓があってびっくりしました。岩国城からは自分の家が見えました。中には、刀がたくさんあってどうやってこんなにたくさんの刀を集めたのだろうと思いました。

（沼田）

④古地図から学ぼう

「行程記」と言って萩から江戸までのガイドブックを使って、今の町と江戸時代とを比べ町名や寺などを探しました。また、奥方様の一日旅行を今の写真と地図で比べタイムスリップして旅行しました。

江戸時代の地図

沼田　愛美

先生達が見に来られる授業で昔の岩国について学習しました。

最初に地図を見て町などをさがしました。町巡りで見た寺が江戸時代のころからあったことを知ってビックリしました。町の読み方は、侍町が難しかったです。その後、吉川さんの奥方が旅行で通った道をたどりました。家を十時に出て、約九時間後の十九時くらいに帰ってきていたので、車ではないし、旅行を楽しんだから遅くなったのかと思いました。

⑤組み体操

運動会も、関ヶ原の戦いから、吉川氏の城づくりや城下町づくり、錦帯橋、産業などを組体操で演じ最後は五十五人ピラミッドを建てて、未来へ羽ばたいていく内容にしました。

⑥リーフレットづくり

夏休み二回目の現地研修を行い、さらに自分でも資料を探して、一人ひとりリーフレットを作りました。二学期各ポイントに別れ友だちの良いところを取り入れ、表裏のリーフレットに仕上げました。

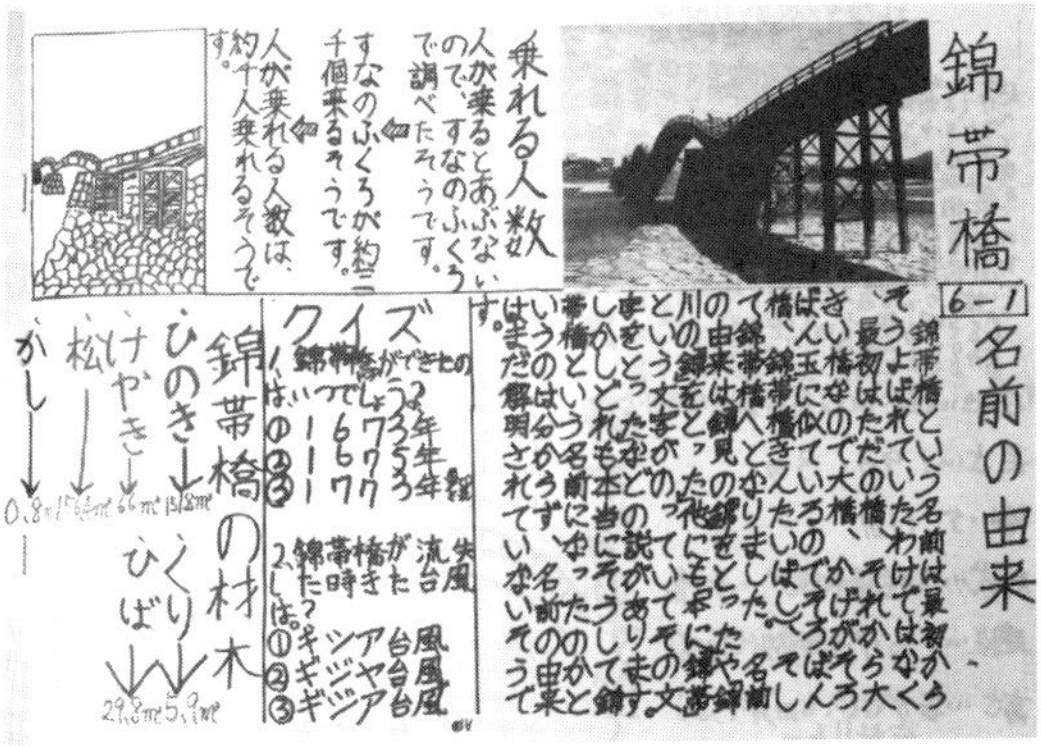

リーフレット

⑦ちびっこTシャツ

学んだことを生かし、デザインを描かせ、各クラスの中から一点デザインを取り入れ、Tシャツを作りました。

2　ちびっこガイドをしよう

①資料づくり

リーフレットや調べた内容から、発表の資料を作りました。太洋紙、紙芝居、ペープサート、巻物等にまとめました。原稿用紙一枚が、一分の目安で、一人ひとり原稿を書きました。学年で発表し合い、良かったクラスを選び校内放送で全校にも紹介しました。一週間前に、現地でリハーサルを行いボランティアガイドさんに見ていただき手直しをして本番を迎えました。また、お土産として岩国は江戸時代紙の産地でしたので、紙漉をしてはがきを作り、史跡の絵を描きました。

②本番

本番を終え、一学期からの学習をふり返り、良く思いだして作文を書いてもらいました。

練習の成果

森田　彩渚

私は、今までちびっこガイドに向けて、練習を一生けん命がんばってきました。このちびっこガイドは、五年生が観光客の方々に岩国のほこりあるたくさんの建物などをしょうかいする責任あるしごとなので、せいいっぱいがんばるぞ、という思いで本番までいろいろとがんばってきました。

まず始めに、資料を集めるためにたくさんの方から岩国城のことや城下町のこと、吉川広家のことや錦帯橋のことなどについて、お話をうかがいました。この話で私は今まで知らなかったことやおどろいたことなどたくさん知ることができました。特にビックリしたことは、岩国城にとの様が住んでいたのではなく、御土居と言うところに住んでいたということや、吉川広家は攻められにくくするために色々な工夫をほどこしていたこと、錦帯橋は中国の本をヒントにつくられたということなどです。とても勉強になりました。

夏休みには、旧目加田家に行き現地研修をしました。ボランティアガイドの方からお話を聞き、メモをしていきました。この旧目加田家は、江戸中期の中級武家屋敷で、中級武士の家は数少ないため、重要文化財に指定されているそうで、旧目加田家に使われいるかわらは、岩国独特のものだそうです。その他にも、との様を見

1日目 加田住宅

下ろさないようにするために、表側から見ると、平屋に見えるように作ってあるということや、裏側に植えてあるタラヨウは裏面に字が書けると言うことなどがわかりました。そして、その資料をもとにリーフレットを作っていきました。私は、家のことや葉のことなどについて書きました。リーフレットを作るのは少し大変でしたが、なるべく詳しく書けたので良かったです。

二学期に入り、ちびっ子ガイド用の発表用紙や原稿を書き始めました。始めに、みんなが書いてきたリーフレットをまとめて、もう一枚のリーフレットを作りました。

そして、そのリーフレットを元に発表用紙を書きました。私たちの班は用紙を四枚も使うので、書くのがとても大変でした。でも、マーカーなどを使って分かりやすくていねいに書くことができたのでよかったです。原稿も書き終わって、クラスで発表し合いました。読むところをとばしていたり、声が少し小さかったと言う指摘があったりしたので、気をつけたいと思いました。その後も何度も練習をしていきました。

十月二十九日には、現地でちびっ子ガイドのリハーサルをしました。私は、なるべく注意されないよう声の大きさやスピードなどに気をつけていいました。ガイドの方からは、字の書き間違いの指摘をうけ、たき先生からは声の大きさなどを注意されました。

そして、いよいよ、ちびっ子ガイド当日の日がやってきました。私はこの日を心待ちにしていました。当日は、あいにくの雨が降っており、もしかしたら中止になるのかと心配だったけど、願いが通じたのか、発表するときにはやんでいました。人が来てくれるか不安だったけど、たくさんの方が見にきてくださっていました。もちろんお父さんとお母さんも見にきてくれていました。少し練習した後、ついに発表するときがきて、どきどきしながら発表し始めました。心臓がドクドクと高鳴り、すごく緊張しましたが、私はとにかく大きな声で、ハキハキと、なるべくかまずに読めるように心がけました。発表をし終わり、礼をしたら、観光客の方々が大きな拍手をしてくださいました。私はその時、今までがんばってきたかいがあったなと思いました。その後も、何回か発表をしたり看板やリーフレットや作ったはがきを配って宣伝をしたりしました。観光客の方々がたくさん来てくださったからあんなにいっぱいあったリーフレットも、あっという間になくなりました。発表をやり終わったとたんに雨が降ってきたので、本当に良かったなと思いました。家に帰ったらお母さん達が、

「声の大きさも良かったし、発表用紙もとても分かりやすく上手に書けていたよ。すばらしい発表だったね。」

と、ほめてくれました。すごくうれしかったです。今までがんばってきた成果をしっかりと発表することができたし、ちびっ子ガイドが成功したので本当に良かったと思いました。

3 岩国の町を紹介しよう

学習のまとめとして、岩国の紹介文を書いてもらいました。

学習して分かったこと、思ったこと

村田　充

旧目加田家を始め、岩国の歴史や文化に興味が出てきました。旧目加田家は、昭和四十九年に国指定の重要文化財に指定されました。その理由は、全国でも数少ないからです。目加田さんという人が住んでいました。時代は明治に入り、廃藩置県で武士の代ではなくなったとの様。そして、お金のなくなった武士は自分たちの家を売りました。家は売られた後、こわされていきました。目加田家のかわらは、二平葺きとい

うもので岩国独特のものです。瓦には、両袖瓦と平瓦が使われています。目加田家の庭には、タラヨウ、みつまた、こうぞが植えられています。タラヨウは、当時のメモ帳になりました。みつまたは、和紙の原料になりました。こうぞは、お札の原料となっています。目加田家の造りは、表から見ると二階建てに見える中二階という造りになっています。これは、殿さまを見下ろさないためです。裏には、煙を抜く窓があります。

これからの岩国について意見をまとめよう！

自分の住んでいる町の将来を考え意見を書いてもらいました。

村田　充

これからの岩国は、歴史と文化で満ちあふれた岩国であってほしいと思います。そのためにも私達は、この大切な岩国の文化や伝統を守っていく必要があると思います。地域の伝統行事などに、積極的に参加する必要があると思います。それに、錦川などの自然を守っていくことが大事だと思います。昔ながらの文化を知っている人は少なく、これからも減って行くと思うので……、文化を次の世代へと語り継ぐ必要があると思います。

自分の足で調べ本物に出会い、人との出会いから新たな知識を学び、大勢の人の前で発表し子どもたちは自信を持ちました。郷土岩国に対して歴史と伝統を学び、誇りを持つことができました。岩国基地が拡張されようとしていますが、子どもたちは、伝統や文化を生かし平和な町を望んでいます。

歴史の学習「行程記」

7

「『平和』についての意見文」を書く

高学年では、社会の出来事に広く目を向け、対象をしっかり捉え、自分の考えを持つための意図的な働きかけが大切になる。平和・環境・人権・福祉・情報…などの今日的な課題についても関心を広げさせたい。平和について考えたり、話を聞いたり、見学したりというような行動も取り入れながら、文章を書くようにしたい。

人への取材、新聞・資料集めで事実認識を深めながら

伊藤 久美子（埼玉）

1 教科書の「指導計画」こう変わった

六年生を担任しての楽しみは「教材の豊かさ」にあると思いながら、今まで十数回六年担任をしてきた。たとえば社会の歴史は、調べ学習やまとめる活動が子どもたちの学ぶ意欲を刺激してくれる。また行事の取り組みでも、文化的な価値の高い内容に挑戦し、子どもたちと共有できる喜びがある。

しかし、最近は、学習量の多さと、学校の多忙化で気がつけば楽しさとは程遠く、流されそうな自分がいる。そして、子どもたちの日常も忙しく、毎日四時ごろに下校してもその後の時間は分刻みの子も多い。そんななかでいつの間にか時間を要する調べ学習の時間を十分とれなくなってきた現状がある。

光村図書の六年生の九月下旬は、『平和』につい

て考える」と題して、十四時間の計画で、「平和のとりでを築く」を読み、平和についての意見文を書き、スピーチをする指導計画例が示されている。

今回この教科書で大きく変わったことは、これまで、説明文として扱われてきた「平和のとりでを築く」が〈資料〉扱いとなり、「平和」についての意見文を書くことと聞き手を引きつける効果的なスピーチをすることに重きが置かれていることである。

前回までの六年生では、国語の教科で「平和のとりでを築く」を説明文学習として行い、その後に宮沢賢治の「やまなし」「イーハトーヴの夢」と続く、私自身としては学習が楽しく、一番好きな時期であったが、大きく変えられてしまった。

2 子どもたちの問題意識を交流し合う

「平和」についての意見文を書くことは私自身大切にしたい課題であった。しかし、この時期学校は運動会の取り組みの真最中で、取材のための時間や資料集めのための体験談を話してくれるお年寄りなどを招く授業も困難な状況にあった。

教科書では

①〈意見文の例〉をもとに、構成や選んだ材料と意見に対する材料の有効性を学び意見文の書き方を知る

②平和についての自分の考えの中心を短くまとめ「仮の要旨」を決める

③意見に説得力を持たせるための資料集めをし要旨を確定する

④構成を考え記述する

⑤グループ内で表現、構成についての助言という課程を踏んでいる。

教科書に載っている作例を読んだとき、私は違和感があった。「平和」というものを子どもたちに認識させるときにそれが路上で喧嘩や身近なところにある暴力をなくすという思いで良いのかということ

である。子どもたちに「平和」を認識させるために大切なことは、過去の戦争の事実をしっかり学ばせ、今もなお地球上で行われている戦争やそれに繋がる世の中の現実を十分に認識させることが大切であると考えるからだ。その事実認識の上に立って子どもたちには意見を述べてほしいと考えた。

そこで、意見文を書くための計画を次のように立てた。

①「平和のとりでを築く」を読み、学習の見通しを立てる。　四時間

②「平和」、「戦争」について知っていること、考えている事を交流し合い、問題意識を確認する　二時間

③各自の問題意識に基づいて資料集めや確認作業をする。　一時間

（課外一週間　置く）

④主題、構成を考え、題を確定する。（構成用紙に書く）　一時間

⑤記述・推敲する。　二時間

⑥読み合い、意見交換をする。（各自発表）　二時間

⑦まとめ　一時間

ここで一番大切にしたのは、自己の問題意識を決定するための授業であった。歴史の学習ではまだ戦争を学んでいなかったが、五、六年と担任している子もいて、ニュースを取り上げた朝の会の話や時々紹介する戦争文学なども功を奏していた。

子どもたちは、家族で行った戦争資料館の話、夏の沖縄旅行の「ひめゆりの塔」のこと、教室にある「はだしのゲン」「少年H」の本、ホロコーストのこと、そして、その頃朝の会で大いに話題にしていたシリアで取材中に殺害された山本美香さんのこと、映画「ほたるの墓」、国語で学んだ「一つの花」「ちいちゃんのかげおくり」など、それぞれの知っていることを熱心に語ってくれた。

そこで気づいたことは、子どもたちの祖父母はまだ五、六十代と若く、戦争を体験していないこと、戦争体験者であろう曽祖父母は存命でも話す機会は滅多になく、直接体験を聞いたことのある子は皆無に等しかったことである。

この話し合いから子どもたちはそれぞれの意見文を書くための課題を絞っていった。そして、人への取材や新聞・資料集めなどの個人の作業に入っていった。たとえば、ホロコーストを調べていたS君は、杉原千畝の生き方を知り、平和のために生きた人について意見文を書いた。原爆から福島の原発事故について興味があったN君は、現在の日本は本当に平和だろうかと疑問を持つようになった。すると、その子なりの考えの広がりが見えてくる。

3 友だちの意見文を読み合うことで考えを広げていく

次は、資料として載せた構成表に基づいて記述したら読み合いの授業である。今回は、一人ひとりが自分の作品をスピーチする形で行い、聞く側はノートに一言感想を書きながら聞いていくことにした。

動物も平和がほしい

あゆみ

動物だって平和な暮らしをしたい。動物には人間が勝手にしている戦争なんて関係ない。私は、人間の身勝手な考えで大切な人間の生命だけではなく何の罪もない動物たちを犠牲にするのはまちがっていると思う。

今回、平和について意見文を書くという先生の言葉に、前に読んだ『かわいそうなゾウ』の話を思い出した。

この本は、第二次世界大戦の時、動物園の動物達が人間の手によって殺されてしまったという実際にあった話だ。空襲が激しくなって、動物園に爆弾が落とされて動物たちの檻がこわされたら動物が逃げ出すかもしれない。そう思った昔の人々は、ゾウだけではなく、熊、ライオン、虎、ヒョウなどの猛獣を殺していったのだ。しかし、この「かわいそうなゾウ」の物語にはかくされた部分があることがわかった。

本当に爆弾が動物園に落とされたら、檻だけがこわれて、動物たちは、無傷で逃げだすだろうか。爆弾が落とされたら、動物たちは傷を負ったり、死んでしまうのではないだろうか。当時、日本中の町がほとんど空襲でやられるようになっても動物園から動物が逃げ出すことはほとんどなかったという。つまり、「人間を守るために動物を殺す」というのは偽りの理由だったのだ。

戦争をしていた時代は、食べ物がなくて、大変だった。動物たちに食べ物を与えるのも難しくなってしまったのだ。そのためエサの節約のために猛獣だけでなく、おとなしい動物までも殺されていったのだ。そして、国中の人がみんな、必死になって戦争のためにがんばるように、「動物をかわいがるなんて、甘ったれたことを言ってはいけない」「動物だって犠牲になっているんだから、人間ならもっとがんばれ」というために動物たちは殺されたということがわかった。

さて、殺されたのは動物園の動物だけだろうか。実は、飼われていた犬やネコ、池や川にやってくる渡り鳥たちも殺されていった。それらの動物たちは、毛皮をとられて、戦争をする兵隊の着るものに使われたと考えられている。

また、馬は戦争に使うためにたくさん戦場に送られたそうだ。そして、戦争が終わった後に馬が帰ってきたという話は伝わっていないという。

このように、昔は戦争に関係のない動物たちを人間は戦争のためという理由でまき込んできた。動物より人間の方が大切だから動物が死ぬのはしょうがない。人間を守るためだからしょうがない。現代の私たちもそう思うのだろうか。私はそんな考えはまちがっていると思う。

戦争は、私たちの周囲の全てのものをまき込んでいく。だから、戦争は絶対に起こしてはいけないことだと思う。

戦争国の子どもたち

かおり

私は、何の罪もない子どもたちが戦争にまきこまれるのはおかしいと思う。だから、戦争は絶対にしてはいけない。

私が戦争国の子どもについて考えるようになったのは、たまたま見つけた新聞記事だった。

その記事の内容は、内戦中のシリアに住む少女について書かれていた。家をこわされ、よその学校で暮らす事になった少女の一番の願い事は、「自分の学校に通う事」だった。

私達は、毎日あたり前のように学校に通っているけど、戦争国の子どもたちにとっては、それが一番の願いなのだ。私はこのことから、戦争というものは、「あたりまえの事」を私たちからうばっていくものなんだと改めて思い知らされた。

ユニセフの調べでは、一九九〇年から二〇〇〇年に起こった戦争では、命を失った子どもが二百万人以上、障害を負った子どもは六百万人、住む家をなくした子どもは二千万人、家族とひきはなされた子どもは百万人以上もいるということ、そして、戦争の中でつらい体験をし、心に傷を負った子どもは一千万人以上いるといわれていることがわかった。さらに驚いたことに現在二十五万人の子どもたちが兵士として使われているという。時には人を殺さなければならなかったり、危険な仕事をさせられ命を失う子どももいるということだ。

そこで、私は、子どもの時に兵士にさせられてしまった人の話を読んでみた。その人は幼い頃に両親を殺され、なんと両親を殺した人に兵士として育てられ、十才にして銃をあたえられたそうだ。その人の話として、「あらゆる武器と地雷の恐怖に囲まれながら暮らしていた」と書かれていたことが忘れられない。

今私たちが普通にしている友だちとの楽しいおしゃべりや家族で食べる食事、好きな本を読

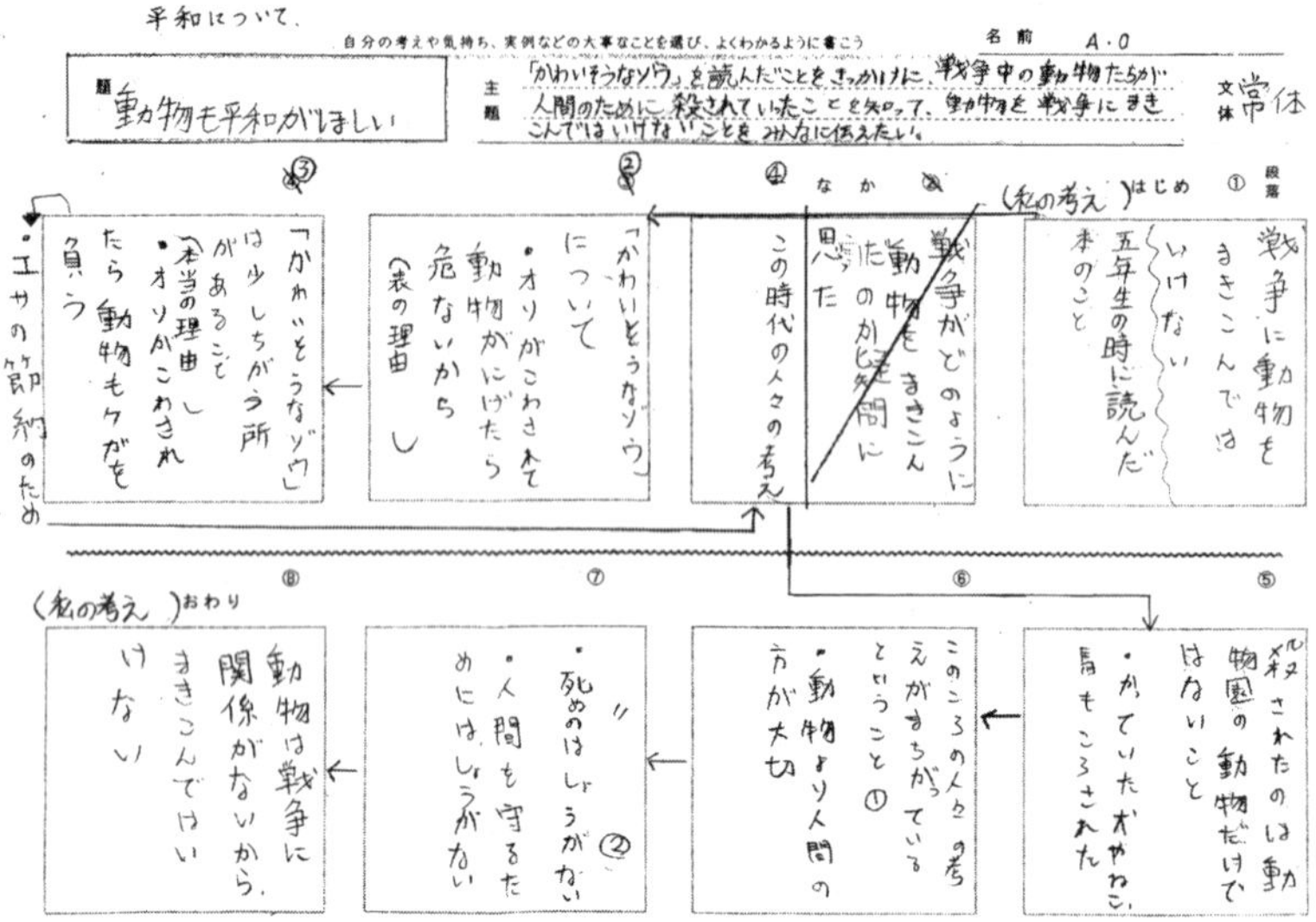

んだり、テレビを観たり、好きな音楽をきいたり、そんな生活とは180度ちがう恐怖の毎日なんだと強く強く思いとてもこわくなってしまった。

現在も過去も、戦争によってたくさんの子どもたちが犠牲になっている。だから、子どもたちが戦争にまきこまれないようにするためには、戦争をなくすことが大切だと思う。過去にあった事は変えられないけれど、これからのことは私たちが作っていける。戦争は二度としてはいけないということを伝えていく事と、今までの悲しい出来事をしっかりと知っていく事で、戦争はなくなっていくと私は思う。

許されない戦争

音人

ぼくは五年生の時、お父さんが買ってきた「はだしのゲン」のマンガを読んで原爆はこんなにおそろしいものなのかとショックを受けた。何よりも、何の罪もない、普通の生活、日常を送っている人々の命が一瞬でうばわれてしまうなんて、あってはならないことだと思った。

「はだしのゲン」の読み始めは、原爆の落とされる前の話だった。それによると、当時は、「戦争をやめろ」「この戦争は負けるぞ」などといっただけで、罪になってしまう世の中だった。

原爆投下後、川は死者でうまり、水を求めた人々が、皮ふが焼け落ちているのに追いかけてきたり地獄のようだった。今でも心に残る場面だ。

そして、しばらくすると人々は、原爆の傷あとで心を病んだり、怪物だといわれてしりぞけられたり、原爆は人々の心に傷となって残っていくことになる。

そして、何年かたって突然発病し死んでしまう人も出てきた。当時は、原爆症の人を病院につれていくと、「死んだら解ぼうの材料になるから」と言われたり、いろいろな面で思うように治療してもらうことができなかった。原爆にあった人たちは、恒に「いつ自分が「発病してしまうかもわからない」という恐怖と不安の中で生きてきたことがわかった。

さらに親を失った子どもたちはもっと不幸だった。悪い大人に利用されたり、誰も守ってくれる大人のいない生活をしていた。

ぼくは「はだしのゲン」を読んで、今のぼくたちと同じように毎日の生活をしていた人々が命をうばわれ、被爆したことで心も傷つけられ、せっかくの命を自分から絶ってしまった人がいることを忘れられない。だから、人々を不幸にしていく戦争をぼくは絶対に許すわけにはいかないと強く思っている。

ここに上げた三つの意見文は、スピーチが終わった後の子どもたちの話し合いの中心に推され「心に残った意見文」ベスト3である。

「動物も平和がほしい」のあゆみは心の深いところでいつもきちんと物事を捉えている子である。支援学級に今年転校してきたNさんに一番先に声をかけたり、一年生との交流会を学級会に提案し実践したり積極的な子だ。彼女の意見文は、友だち中に反響をよんだ。それは、子どもたちは「かわいそうなゾウ」の絵本を知っていても戦争のために供出された動物たちのことは初めて知ることだったからだ。また、動物たちが殺された本当の理由も子どもたちの話題になった。あゆみの書いた意見文によって子どもたちは社会科の教科書では学べない事実を学ぶことができた。将来動物に関わる仕事をしたいと考えているA子やM子たちは、今まで思ってもみなかった動物たちの歴史を知って衝撃を受けていた。

「戦争国の子どもたち」のかおりの意見文は、世界でこんなにたくさんの自分たちと同じ子どもたちが戦争の犠牲になっていることに一様に驚き、少年兵の恐怖は考えても怖すぎて理解できないという意見が多かった。この意見文を書いたかおりさんは、物静かで普段はほとんど意見を言わない子である。最後に『過去にあったことは変えられないけれど、これからのことは私たちが作っていける』ときちんと書いてあって私自身感動した。

音人の「許されない戦争」は彼がこの学習が始まってから「はだしのゲン」を教室に持ってきてくれたので、この秋のクラスの人気本となった。彼は被爆した人々のことを詳しく書いていた。そのことで友だちから意見が出たときに、S君が「福島の人たちが広島の人たちと同じにならなければいい。」と話した。私は、「そのことはこれから私たちがきちんと見聞きし、考えていかなければいけない問題だね。」と結んだ。

今回はできなかったが、この単元は社会科とリンクさせ、夏休みも利用して長いスパンで構想を練って実践していくのに相応しい取り組みだと思った。

あゆみが戦争当時を「昔」と捉えているように、子どもたちと戦争はどんどん離れている。だからこそ戦争の事実と向き合わせ、意見文を書かせたい。戦争の出来事を過去のものにしてしまわないためにも……。

8

「俳句」をつくる
十七音で感動をつかまえる

俳句は最も短い詩なので、子どもたちは興味をもって取り組む。どの場面、どの瞬間を切り取るか。どの言葉を添えて、ぴったりの表現を見つけていくか、創作を楽しませたい。また、「季語」を学習することで、季節の変化や生活の想像が広がり、感性を磨く場としても有効である。

米田　かおる（東京）

1　俳句との出会い

江東区は俳人、松尾芭蕉や石田波郷ゆかりの地であることから、小中学校での俳句の指導に力が入れられています。数年前、俳句の授業を参観する機会があり、その楽しさを知りました。

講師で勤務する現任校は東京の下町、亀戸にあります。学区には三代一〇〇年住んでいるという家庭も多く、歌川広重の名所江戸百景で描かれている亀戸天神や亀戸梅屋敷（今はありませんが）などで有名です。地域には亀戸天神のほかにも歴史ある神社仏閣が多く、お祭りや節分、初詣など行事もたくさんあり、それらの行事は子どもたちの楽しみでもあります。目の前にはスカイツリーがそびえたち、今と昔が混在しているようにも見えますが、昭和のゆったりとした素朴さの残る地域です。子どもたちはそんな街で子どもらしくのびのびと生活しています。

2 感動をことばで表現する

俳句は最も短い詩です。短いからこそ誰でも楽しめる世界です。子どもが、心動いたこと（感動）を十七音で表現します。詩よりももっと感動の中心を書くことになります。また、季語を書きます。そして、表現するときには「たのしい、きれい、うれしい、すてき」など概念的なことばはできれば使わないようにするなど、一時間目の授業で話をします。一回話せば、子どもたちはほとんど理解します。感動の中心を書くことは毎時間、俳句を書く中で学んでいきます。

二年生での授業は暑い暑い夏の日でした。毎日の生活の中で「夏が来たなあ」と思うことを発表してもらいました。「朝顔がさいた」「ミニトマトがなっている」などいろいろ出ました。初めての授業でしたので、「なつがきた」を使ってもいいことにしました。みんな楽しそうに書き出しました。そんな中で雅夫さんは「書くことがないなあ」と私を見上げました。「雅夫さん、最近楽しかったことある」と聞くと、「そうね、遊びかな。」と答えました。「そう。先生も子どものころ、遊んでばかりいたんだよ。雅夫さんはどんな遊びが好き。」と聞くと、「昨日ね、公園でターザンロープして遊んだ。」とちょっとうれしそうな表情をしました。「ターザンロープ、先生も好きだよ。ターザンロープで遊んでどんなだったんだろう。」と聞くと、じっとその時のことを思い出して、「先生ね、風が来たの。気持ちいい風が来た。」と答えました。忘れていた楽しい経験を思い出したのです。雅夫さんは「よし、これを書こう。」と書き出しました。

なつがきた　ターザンロープ　風がくる

公園でターザンロープですべっていったらサーッと風が来たのでしょう。そんな爽快な一瞬をとらえました。すごいです！

子どもたちとって、五七五という型があることは表現しやすいのだと思いました。この場合の「型」とは「表現方法」であって、「書かせ方」でないと思います。「表現方法」としてとらえるということは、五七五という言葉の数の中で、どう表現するかは子ども自身にゆだねられているということです。だからこそ、子どもたちは心動いたことを具体的なイメージとして自由に書いていけるのだと思います。

3 言葉が生まれるとき・表現が生まれるとき

冬休み明けに、一年生の教室に行きました。教室には冬休みの絵日記が掲示されていて、楽しそうにたこあげをしたり、こま回しをしている絵がかかれていました。

一年生には冬休みのことで俳句を書くことにしました。そこで、冬休みに楽しかったことを発表してもらいました。「お年玉をもらった」「たこあげをした」「おせち料理をたべた」「ばあちゃんちに行った」など、たくさん発表してくれました。担任の先生から「冬休みにこま回しの宿題があって、みんな一所懸命に練習したんだよね」とお話があると、「ぼくが米田先生に見せたい！」と何人も前に出てきてこま回しを見せてくれました。一所懸命に回す姿は本当に可愛かったです。

その後で、俳句を書きました。一年生は先生とお話しをしたがります。
「米田先生、ぼくね、公園でたこあげしたんだよ。」と嬉しそうに話しかけてくれた寛之さん。「そうなんだ。たこあげしたんだね。結構難しかったでしょ。凧はよくあがった？」と聞くと「うん、よくあがった。」と答えてくれました。「たこあげのこと、書こうかな？」といいながら書いた俳句です。

こうえんで　たこあげしたのは　ぼくひとり

私はきっと凧揚げをして、よく揚がった喜びを書くのかと思っていたのですが、意外な句が書き上がったのです。下五の「ぼくひとり」がとても気にかかりました。私は、一人ぼっちで凧揚げをしている寛之さんの淋しそうな姿がイメージされてしまいました。
「寛之さん、この俳句はどんな気持ちを書いたの？」と聞くと、「一所懸命に凧揚げしててね、周りを見たら凧揚げしているのはぼくだけだったの。凧揚げしてるのはぼくひとりなんだと驚いたの。」と言ってました。「一人で淋しくなかった？」聞くと、「淋しくなかったよ。」と答えました。もしかしたら淋しかったのかもしれません。解釈はいろいろできますが寛之さんのこの句はなぜか読み手の心をうちます。「ぼくひとり」という表現に寛之さんのどんな思いがこめられたのかを知りたいところです。
「先生、ぼくはね、こま回し強いんだよ。」と尚太さん。周りの子たちも「そうだよね、尚太さん強いよね。」との声。その声を聞いて尚太さんは満足げな表情をしていました。

こままわし　みんなできょうそう

ここまで書くと、私の方を見て「ニッ」と笑いました。何とも意味ありげな表情です。その後私はほかの子と話をしていましたが尚太君さんが下五をどう書いたのか知りたくなって見てみました。

こままわし　みんなできょうそう　ぼくがかつ

なんと自信に満ちた表現でしょう。下五には尚太さんの強い思いが込められていることがわかります。「ぼくがかつ」以外のことばはないのだと思いました。

猛暑の続く七月、五年生に俳句の指導に行きました。子どもたちは、猛暑の中で心が動いたことを書きました。何を書いてもいいという自由さから、ユーモアあふれる俳句が生まれました。

すいかわり 右だ左だ そこじゃない

ぼくの血を 吸いすぎたかは しりあかい

次は私の反省の指導例です。九月に同じ五年生の俳句の授業の時です。五年生は林間学校に行ったのですが、夏休み中のことで、その感動は薄れてしまったかと思い、初秋の俳句を書こうかと思って教室に行きました。台風一過、抜けるように青い空、これなら初秋の俳句もかけそうだとちょっと自信をもって授業を始めたのですが、いつものりのりの子どもたちがシラーっとしているのです。

担任の先生の方を見ると「今、学校集会で林間学校の発表をしたので、林間のことで心がいっぱいになっているようです。」とのことでした。子どもたちに「林間学校のこと、書きたい？」と聞くと、突然子どもたちが元気になりました。本当に書きたいことを書くことが大事なんだと改めて子どもたちから学びました。

きもだめし おばけの声と 叫び声

4 自然、生活、文化から生まれる季語

俳句には季語を書くという決まりがあります。日本は四季がはっきりと分かれ四季それぞれの美しさがあります。長い年月の中で、季節と結びついた生活や文化が豊かにはぐくまれてきました。そこから、季語という言葉や表現が生まれてきたのだと思いま

す。わたしは子どもたちが季語を通して、日本の生活や文化に気づく機会になってくれたらと思っています。

俳句の授業では、それぞれの季節から感じた言葉や表現を子どもたちに発表してもらっています。子どもたちが発表してくれた言葉や表現は板書します。その後で、学年に合った季語を提示しています。季語の学習で学んだ言葉や表現をどう使うかは子どもたち自身が表現したいテーマに結びつけて選びます。

冬の俳句・五年生の授業では、私が提示した季語は、凩、霙、六花、悴む、結露、虎落笛、オリオン座などでした。子どもたちは、季語一つひとつに感動、感心していました。

凩…へえ、こがらしって読むんだ。木枯らしと感じが違うね。

霙…みぞれってこんな字を書くんだね。カップの食べるみぞれもあるよね。

六花…え、「むつのはな」って読むの。え、雪のこと？　そういえば雪の結晶は六角形だものね。

悴む…字からして、寒くてかじかんでるよね。こんな字かくんだ。

結露…窓が部屋の暖かさで曇ることを結露っていうの。かっこいいねえ。

虎落笛…寒くて強い風の日に立木や電線や鉄塔などにあたって、ヒューヒューと笛のような音を立てること。先生、それなら知ってるよ。聞いたことあるよ。あの音を「もがりぶえ」っていうんだ。なんかすごくいいねえ。

オリオン…冬の星座で、三つ並んだ星、見たことあるよ。

などなど、子どもが季語を自分の生活や経験と結びつけてイメージしていることがすごいと思いました。子どもたちが特に心を動かされた季語は「虎落笛」「結露」「オリオン」などでした。

虎落笛は女子に人気でした。おなじ虎落笛の季語を使ってもこんなに印象の違う俳句が生まれました。

虎落笛 耳をすませば 夢の中

虎落笛 みんなで歌って 大合唱

子どもなら、結露を見ればみな同じことをするかもしれません。

ぞうきんで 結露をふかず 絵を描くぞ

下五の「絵を描くぞ」に作者の強い意欲が表現されていていいなあと思いました。

塾帰り 空を見上げると オリオン座

夕闇の中でオリオンを見上げる作者の作者の絵が添えられていました。余韻の残る俳句だなあと思います。

5 好奇心・発見・感動がことばに

私の勤務校には支援学級が併設されています。支援学級の先生方も熱心に俳句の指導をしてくださっています。私が衝撃を受けた一句です。

春が来た おれが来た 花いっぱい

なんて力強く、ダイナミックな句なのでしょう。自信に満ちた作者の表情が思い浮かびます。五七五になっていなくても、俳句を書こうと書いて生まれた表現なのですから、立派な俳句です。

他にも、感性豊かな俳句がたくさん生まれていました。

すすきのほ 風にのって 空高くとぶ

ぎんなんは ぷちっといって みをまもる

支援学級の先生方は、五七五をタンタンタン タ

ンタンタンタン　タンタンタンと手拍子を取りながらリズムで教えておられました。

そして何より、子どもの感動を大事にされていました。春はエコスペースで春を見つけたり、秋には彼岸花、ススキ、リンドウなどを触って、匂いを嗅いで俳句を作ったそうです。子どもたちが心動いたことを五七五に表現した言葉をメモに取り、一枚句集にされました。

今年の冬、支援学級で授業をさせてもらえました。四、五、六年生です。子どもたちは何度も俳句の指導を受けているので、俳句が大好きでした。校庭へ吟行に行きました。いいお天気ではありましたが、寒い！　日でもありました。

一緒に吟行をしていてびっくりしました。子どもたちは好奇心いっぱいで、次々と発見をし、感動を言葉にしていくのです。子どもたちが次々と俳句にしていくその言葉を担任の先生と私でメモっていきました。

エコスペースで久美ちゃん。「先生、この間まで虫がいっぱいいたのに冬になったらいなくなっちゃったね。」そこで一句

こおろぎも 冬はお休み 春をまつ

そばにいた男の子が「こおろぎは卵を産んでもう死んじゃったよ。」とつぶやきました。それを聞いた久美ちゃんはひるまず「だからこおろぎはお休みして春を待っているでしょ。」と言い切りました。自分が表現したことに自信をもっているのだと思いました。

ふと校舎の屋上を見た淳さんの一句

学校に スカイツリーの ねっこがはえてる

本当に屋上からスカイツリーが生えているように見えました。一瞬、気がついたことを子どもは、見逃さないのです。

支援学級では日記の取り組みもしておられます。担任の先生の話では、子どもたちが日記を書くようになってから、順序良く話し、内容がよくわかるよ

うになったといっておられました。さらに俳句を書くことで、子どもたちが、自分の内面を言葉にしていく力がついているように思います。

6 自分の表現を見つける

現任校での俳句の指導二年目を迎えた時、子どもたちに変化が起きました。三年生、八月の授業では、〝夏の思い出〟を俳句に書く授業をしました。

夏休みのことで、一番心に残ったことを話し合いました。次から次へといろいろな思い出が話され、大盛り上がりでした。しかし、「では俳句を書きましょう。」というと、一瞬、シーンとなりました。今まででしたら、話し合いの盛り上がりの余韻の中で俳句を書いていました。不思議に思い、子どもたちの様子を見ていると、みんなじーっと考えているのです。その原因は何か、それは子どもの俳句を読んでわかりました。子どもたちは自分が一番書きたいことを探していたのです。さらに、書きたいことが決まったら、どんな言葉で書いたらいいか、言葉の吟味もするようになっていたのです。

理菜ちゃんは書くこともお話することもあまり得意ではありません。お母さんは忙しく働いておられるので、理菜ちゃんはさびしがり屋でもありました。夏、家族で海に行ったことがどんなにうれしかったことでしょう。

すなはまで　せんこう花火　あっ落ちた

うれしさが俳句に弾むようなリズムを作っています。「あっ、落ちた」という臨場感あふれる一瞬の表現に、喜びが満ち溢れています。

義男さんはパパの仕事が忙しくて、会うことがあまりできないと言っていました。そんなパパと夏休みにプールに行ったのですから、義男さんにとってうれしいことだったのです。「パパね、すごく泳ぎが上手だったの」と目を大きく見開いて話してくれました。

プールでね パパのおよぎに 目をみはる

「パパ、すごーい」という義男さんの驚きが「目をみはる」というぴったりの表現になっています。

授業も終わりのころ、晃樹さんは、まだ考えていました。二、三句書けているのに「まだ」といって頑張っていました。本当に書きたいことが書けていなかったのでしょう。チャイムがなった後、「書けた。」と言って持ってきた俳句です。

かえるくん けろけろ鳴いて さそってる

その時、私は「さそってる」の意味がわからず、不思議に思っていました。研究会の時、一緒に仕事をしている先生から「求愛の鳴き声のことですよ。」と教えてもらいました。そういえば晃樹さんに「さそってるでいいの？」と聞いたら、「それでいいの」と確信をもっていました。読み解けなかった私は恥ずかしくなりました。

六年生の教室に行くと、机上に国語辞典を開いて、言葉を探している子がたくさんいました。すでに書くことが決まっていて、書きたいことにぴったりの表現を探していたのです。言葉に対する姿勢が変わってきました。書かれた俳句も、場面の切り取りや表現がシャープになり発想も豊かになりました。

〈六年生の俳句〉

運動会を書く。

青嵐 ぶつかり合って 騎馬戦だ

夏の風 切って進む 徒競走

夏を書く。

向日葵が 私を追って 背伸びする

炎天下 蒸散作用が はんぱない

秋、陸上競技大会を書く。

秋空へ つきさすように 投げた球

7 読み合いの授業の共感、つながり

綴方教育では作文や詩、日記など子どもの作品を読み合うことに重要な意味があります。友達の作品を読むことで友達に共感し友達の表現の良いところを学びます。また、自分の作品について友達の感想から自分では気がつかなかったことに気がついたりします。

俳句でも読み合うのはとても大事だと思います。どの俳句もその子にとって意味のある作品です。その価値を共有し合える読み合いを心がけています。

8 学校句集の発行、作品は子ども・学校の財産

俳句の授業が終わった後、子どもたちの作品と私のコメントをPCで打ち込み、プリントアウトして担任の先生と校長先生、副校長先生にお渡ししています。

担任の先生はマスプリしてクラスに配布されたり、学級通信に掲載してくださったりと活用していただいています。

年度末には一年分のプリントを学校句集としてまとめています。二年目は校長先生、副校長先生も文を寄せてくださいました。私一人の作業になるので、先生方の分しか作成できませんが、教室に置いて子どもたちに読んでもらえたらと願っています。

時々句集を読んでみると、子どもたちの作品が生き生きと立ち上がってきます。こうしてまとめることで、子どもたち一人ひとりの作品が学校の財産になると実感します。

句集を読んだ友人が「学校に文化があると子どもたちが豊かになる」と感想を寄せてくれました。本当にそうだと思っています。

9 「短歌」をつくる

古くは「万葉集」という歌集が作られ、また、「百人一首」のカルタ遊びを通して、三十一音の日本独特の短い詩になじんできた子どもも多い。短歌や俳句では、たくさんの作品を読み、言葉を選びつつ自分が表現したいことを詠む機会を作り、交流し合うことで、言語感覚も磨かれていく。

短歌で思いを表現してみよう

高本　慶子（千葉）

1　まず百人一首から

校内の研究授業で「日本語のひびきを味わう」『春はあけぼの』（六年）をおこなうことになった。指導要領の改訂によって、三年生で俳句・四年生で短歌・五年生で漢詩・六年生で古典を学習することになった。段階を踏んだ文語調文章の学習であるが、六年生のこの子たちは五年生までの部分がすっぽり抜けている。そんな子どもたちに突然「春はあけぼの」をおこなうことに不安を感じた。

そこで、まず子どもたちに少しだけ馴染みのある百人一首から始めようと考えた。百人一首を一枚あたり四首印刷しそれぞれに配布した。とにかく和歌に慣れ親しませようとファイルを持たせることにし、慣れるために音読をすすめた。百人一首音読カードを作り六十首までいったところで、アンケートをとってみた。すると、百人一首の音読は半数以上の子どもたちがよくやっていた。子どもたちは前向きに取り組んでおり、意欲的であった。そして子どもたちそれぞれが読み込み、自分の好みが出てきたようで好きな歌がそれぞれに決まってきた。

2 短歌をつくろう

五・七・五・七・七の三十一文字で和歌と同じように、書いていこう。自分の思いが出せるといいよ、といい促した。しかし、なかなか鉛筆が進まないためはじめの五文字を「たのしみは」にし、最後を「～の時」で考えてみようとなげかけた。すると、何人か書き始め、できた子から百人一首の音読のように、発表させた。すると、（なんだ、そんなんでいいのか……）安心したのか徐々に書き始める子が増えていった。

ここで、和歌と短歌の違いについて子どもたちには簡単に伝えた。和歌は古典で扱い江戸時代までのもので、短歌は明治以降のもので現代の授業で扱うという漠然とした区別のしかたではなく、和歌は日本古来から「和語」を用いた歌である。つまり百人一首で歌われているようなものである。したがって、短歌には漢語が用いられるが、和歌には用いられない。

○たのしみは　吹奏楽の　練習日
　いつも吹かない　ソロを吹く時
　　　　　　　　　　　　　　タイセイ

○たのしみは　自宅の前の　曲がり角
　涼しい部屋を　想像する時
　　　　　　　　　　　　　　アヤノ

○たのしみは　こっそり本を　読みながら
　一人でごはん　食べられる時
　　　　　　　　　　　　　　ユウキ

この三首は市内のジュニア短歌コンクールで入選した。（初めて書いた短歌を全員分応募してみた）

○たのしみは　真夏の空に　目を向けて
　望遠鏡で　星を見た時
　　　　　　　　　　　　　　ヨウヘイ

○たのしみは　自宅に向かう　帰り道
　やりたい遊びを　考える時
　　　　　　　　　　　　　　ケイタロウ

○たのしみは　花の水やり　芽が出る日
　ずっと待って　うれしい思い
　　　　　　　　　　　　　　ユウカ

右記三首は県の短歌部門にすすんだ。

子どもたちは初めて書いた短歌が予想外の評価を得たので驚き、これに気を良くして次は自分の作品が評価を受けるかもしれないと期待をしていた。

3　生活ノートにどんどん書こう

季節感のある短歌を書いてみようと、呼びかけた。俳句の季語を考えたように、できれば季節を書かずに見たまま・感じたままを書いてみようと挑戦させ、できた作品をプリントし、百人一首で使用したファイルに綴じ読みあった。

○やきいもを　姉にとられて　けんかする
　最後は母に　とられて終わる
　　　　　　　　　　　　　　アユミ
（家庭でのようすがよくわかり、ユニークな感想）

○高跳びで　入賞すると　がんばって
　木の葉のように　燃え落ちた秋
　　　　　　　　　　　　　　ケイスケ
（陸上大会に余裕で出場したのに……の感想）

○すず虫は　きれいな声を　ひびかせる
　みんなの声も　ハモらせようよ
　　　　　　　　　　　　　　アヤミ
（合唱コンクールの練習中だったから、一同納得）

○十五夜の　満月じっと　見ていたら
　だんごと同じ　形していた
　　　　　　　　　　　　　　ワタル
（国語の苦手な彼の作品と知りみんな驚き。いいね！）

○赤とんぼ　追いかけている　弟は
　いつもと違う　しんけんな姿
　　　　　　　　　　　　　　メグミ
（やさしい姉の弟を見ているようすがよくわかる感想）

4 作品を掲示

できあがった作品を上質和紙の短冊に筆ペンで書き、短冊より一回り大きめの色画用紙に張り付けた。和紙の短冊には透かし模様が入っており、子どもたちには高級感があったようで「こんなにいい紙に書くなら、もう少しいい作品にしなければ……」という思いが出てきたようで、さらなる頑張りが見えた。

短冊を廊下に掲示すると、今度は学年の先生方や友だちに評価され、子どもたちは創作意欲がさらに増した。

学年の先生方や子どもたちも自分たちもやりたいといい出し、学年全体で短歌作りに取り組むこととなった。その際クラスの子どもたちが、こんなふうに作ったよとポイントを伝授していたと後で私の耳に入ってきた。子どもたちは以前よりも、生活ノートを提出する回数が増えたように思われる。いろいろなところで、自分の作品が評価された結果であろう。

5 作文の後に短歌をつけたして

秋の修学旅行は小学生活最後の思い出である。日光から帰ってきて、修学旅行の作文を書こうと提案し書きあがる寸前に「先生、作文だけじゃなく短歌も入れよう。」と子どもたちから声があがった。もちろん賛成であるが、「えっ！　作文だけでいいよ！」というと、「二組といったら短歌でしょ！」という強い要望により短歌を入れることとなった。

○銅山で　発掘された　宝石は
　働く人の　命の源
シュウノスケ

○銅を掘る　蝋人形を　見ていると
　昔の人は　体力勝負
ヒトミ

（足尾銅山の見学をして仕事の大変さを感じたようだ）

○日光の　しぶきが上がる　滝の水
　大きな自然に　圧倒された
アヤノ

○水しぶき　華厳の滝が　流していく
　ドーンの音が　心にひびく
カイト

（三つの滝めぐりをして、みんな感動した）

○先生の　怪談話　ああこわい
　耳ふさぎながらも　気にかかる
アヤカ

○先生の　怪談話　耳すませ
　みんなでくっつき　拳をにぎる
ユウナ

（真っ暗な部屋の中で怪談話はいい思い出）

6　卒業までを短歌で締めくくろう

①短歌ごよみを作ろう

この一年間に作った短歌の中から一番の傑作を集

め、卒業までのあと何日の日めくりを作った。卒業までのカウントダウンをしながら、毎日一人の友だちの短歌をみんなんで読み合い鑑賞した。

②六年間で一番お世話になった給食室へ短歌集を送る

子どもたちの大好きな給食を毎日作ってくれる給食室のみなさんが、卒業前にバイキング給食や郷土料理の「祭り寿司」の講習をしてくださった。そのお礼に短歌集「おいしい給食ありがとうございました」を作成し、バレンタインデーにプレゼントした。給食室の方々は、こんなプレゼントを今までもらったことがないと喜んでくださった。

○給食は　その日の午後の　エネルギー
　とてもおいしく　おかわりもする
　　　　　　　　　　リュウジ

○バイキング　残さずいっぱい　食べてたら
　たくさん思い　伝わってきた
　　　　　　　　　　コウヘイ

○バイキング　いちごのケーキ　目の前に
　自然に笑みが　こぼれてきたよ
　　　　　　　　　　リミイ

○千葉県の　郷土料理　祭りずし
　作れたことに　とても感謝
　　　　　　　　　　ユキ

○千葉県の　伝統料理　作ったら
　きれいに巻けて　思い出増える
　　　　　　　　　　タイキ

○六年間　今まで食べた　給食は
　バランスがあり　栄養もある
　　　　　　　　　　ワタル

六年二組三十四人の子どもたちはみんな短歌を気軽に作り、読み合い認め合って、卒業していった。

10

「随筆」を書く

身近に起こったこと、経験したことなどを描写し、感想や感慨、自分にとっての意味などをまとめていく文章。これまでのものの見方や考え方や生き方などを見つめ直したり、深めたりするきっかけになった出来事や経験などを体験的にまとめて書くことになる。日ごろから日記（生活ノート）等を書く機会として取り組んでいることが望ましい。

継続した日記から生まれる随筆

保坂　操（東京）

1　随筆と日記

二十三年度から全面実施された新学習指導要領では、高学年の「書くこと」の言語活動例として、随筆が示されました。ここで示された随筆の定義やねらいは後ほど述べますが、示されたねらいは、日記指導のねらいと重なるものです。また全学年の「書くこと」のなかで、交流に関する指導事項も示されました。そこで、学習指導要領に例示された随筆を書くことや交流し合うことと日記指導の関連、日記指導の実際について述べたいと思います。

①随筆について

平成二十年に示された小学校学習指導要領解説国語編には、随筆について、「身近に起こったこと、見たことや聞いたこと、経験したことなどを他の人にも分かるように描写した上で、感想や感慨、自分にとっての意味などをまとめたものである。」と書かれています。さらに、随筆を書くことにより、「出来事や経験などをきっかけに、自分自身がもっているものの見方や考え方、生き方などを見つめ直したり深めたりすることができる。そのために、考えるきっかけになった出来事や経験などを体験的にまとめて書くことが必要となる。」としています。つまり、日常生活の出来事をほかの人にわかるように文章で書き、感想や感慨・自分にとっての意味などをまとめることによって、ものの見方や考え方、生き方などを見つめ直したり深めたりできるとしています。

これは、日記指導の重要なねらいと合致します。私が日記を子どもたちに書いてもらうのは、自分の日常を綴ることで、身の回りの人々や出来事、さらに社会に対する考えや自分自身の生き方などをより深く考えてほしいと願っているからです。随筆を書くことで、ものの見方や考え方、生き方を見つめ直し、さらに深めていくことができるということは、実は日記を書くことのねらいとも合致しているのです。

②日記のねらいについて

亀村五郎先生は、その著書「日記指導（百合出版）」に、日記（とくに毎日の生活を書く生活日記）のねらいについて次のように述べています。

ⅰ　ひとりびとりの子どもを知るために
ⅱ　継続的に子どもの生活を知るために
ⅲ　物の見方・考え方を深めるために
ⅳ　文章表現力をゆたかにするために
ⅴ　個性をのばしゆたかにするために
ⅵ　子ども自身の発達のために
ⅶ　教師の考えを知ってもらうために

このねらいのなかで、ⅲ〜ⅵはまさに学習指導要領に示されたねらいに合致しています。しかし、日記指導には、ⅰ、ⅱ、ⅶのように教師側のねらいもあります。子どもを理解するために、あるいは教師の思いや考えを伝えるために、日記を書いてもらうのです。だから、一枚文集ではなく、学級通信に子どもたちの日記を載せて紹介している担任が多いのも、日記指導にはこうした側面があるからです。随筆は、子どもたちの生き方や考え方を見つめ直したり深めたりすることが中心ですが、日記はこうした面だけでなく子ども理解や担任と子どもとの相互理解もねらいとしていると私は思っています。

③日記のなかから随筆が生まれる

日常の生活の出来事や心に残ったことを日記に書くことで、子どもたちはさまざまなことを感じたり考えたりします。書く題材を見つける作業からそれは始まっています。子どもが日記に書きたいと思う題材が見つかったとき、その題材についての考えや思いはまだ漠然としていますが、書きたいと思ったときの心の高ぶりを子どもは感覚的に意識しています。そして、実際に文章として書くことで、漠然とした思いや考えが言葉によって意識化され、はっきりとした自分の思いや考えとなっていきます。この文章を書く過程が子どもたちの思考を高め、より深く考えるための手立てとなっていると思います。

私の担任した子どもの日記を紹介します。

お餅も色々

六年　上野　仁美

一月九日（土）、母が吉祥寺にある親戚の花屋に行き、お花と一緒に、お餅の入った紙袋を持って帰ってきました。

そのお餅は、遠い親戚が住む岡山から届いたお餅で、すぐに東京のお餅との違いに気がつきました。東京のお餅は四角いのに、そのお餅は丸かったのです。まんじゅうと間違えたのかと思って、包装紙の上から表面を触ってみましたが、やはりコチコチでした。

そんな不思議に思っていたお餅を、十日は雑煮、十一日は磯辺巻きにして食べました。名前の通りもちもちしていて、よく伸びました。

うどんのおつゆが関東と関西で違うことは知っていましたが、お餅も違うことにはびっくりしました。濃いおつゆが好きな私は、（関東人だなぁ）と思うことがしばしばありましたが、四角いお餅の方が何か親しみがあると思った私は、ますます〝関東人〟だと思いました。

この作品は、日記として書かれたものですが、遠い親戚からいただいたお餅から関東と関西の食文化の違いに気づき、さらに自分が「関東人」であると改めて気づいたことが書かれています。身近に起こったことをほかの人にもわかるように描写したうえで、感想や感慨、自分にとっての意味などをまとめたもので随筆と言ってよい作品だと思います。日記を日常的に書くことで、こうした日々の出来事をより深く考えたり、考えを広げたりすることができるようになると思います。

④　読み合うことでより考えを深める

日記指導のなかで、読み合う時間はとても大切なものです。学習指導要領の国語［B書くこと］のなかでも、「交流」という指導事項が示されています。低学年では「書いたものを読み合い、よいところを見付けて感想を伝え合うこと」、中学年では「書いたものを読み合ったり音読したりして発表し合い、考えの明確さや書き方の巧みさなどについて意見を述べ合うこと」、高学年では「書いたものを発表し合い、表現の仕方に着目して助言し合うこと」がねらいとなっています。日記を読み合うということは、一人ひとりの子どもの考えや思いをクラス全体に広げることです。自分の日記をみんなが読み、しかも良いところを評価してくれたり、自分が書いた題材によって意見の交流が広がっていったりすることは、その文章を書いた子どもはもとよりクラスの子どもたちに多くのことを学ばせてくれます。さらに、こうした経験は、子どもたちの書く意欲を高めるものになるのです。

2　随筆につながる日記指導の実践例

子どもたちにいきなり随筆を書かせることはなかなか難しいと思います。日常のなかから心に残る題材を探すためには、日常的に日記を書くことが効果的な手だてです。

　子どもたちが自分の思いや生活を自由に綴れるようにするために、私は次のような日記指導を行っています。

①日記指導の導入

i　四月の二週目頃から、教室で「今日の中休みにしたことを先生にわかるように書く」をテーマにして日記を書くことを中休み前に予告をしておき、三・四時間目に日記帳に書く。

ii　四月下旬、教室でテーマ（家族としたこと、友だちと遊んだことなど）を決めて一～二回書いたあと、自由なテーマで日記を一～二回書く。

iii　五月連休明け、ほぼ全員が日記を書けるようになったら、家庭学習として家庭で書く。

〈子どもたちとの約束〉

日記を始めるときには子どもたちと次のような約束をします。

・どんなことを書いてもよいこと
・日記に書かれた内容は、本人の承諾なしには絶対公表しないこと

　この二つは、どんなことがあっても私は守るという姿勢で日記を書いてもらっています。それを約束することで、子どもたちは安心して、さまざまなことを書いてくれるようになります。

〈保護者との約束〉

　子どもたちと同様に、親とも約束をします。

・子どもたちの書いた日記を勝手に見ないこと
・日記の内容、文字などについて批判をしないこと

　子どもたちには、自由に書いてほしいと考えているので、親には何か重大なことがあれば担任から連絡をすると保護者会で話し、この二つの約束を守ってもらうようにします。

②赤ペンについて

私は、まずその作品に書いてあることを書いた子どもと同じ視点で「楽しむ」ことにしています。赤ペンの私なりの原則は次のようなものです。

・赤ペンはできる限り書いて早めに子どもに返す。
・子どもたちの気持ちに共感しながら書く。
・悩みなどをうち明けてくれたときには、誠心誠意その子どもの立場になって書き、安心感を与えるようにする。
・内容のよしあしや書きぶりの評価だけを書くのではなく、子ども自身が受け入れてもらっているのだと実感できるように書く。

③一枚文集の発行と読み合い

i　お互いを知る手だてとして

日記が、私と子どもたちのかけ橋だとすると、一枚文集は子ども同士の交流の場、あるいは新たな友だちの一面を発見する場と位置づけています。さらに、クラスの友だちの作品を紹介することで、より身近に友だちを感じることができると思っています。

一枚文集は、基本的には子どもたちが家庭で書いてくる日記をベースにして、一枚につき一～二つの作品を紹介します。載せる視点は、

・その子の生活やその子らしさが出ているもの
・学ばせたいタネを取り上げているもの
・表現や書きぶりのよいもの
・自分の考えや意見がよく出ているもの

などです。後で述べますが、必ず全員で読み合いをするので子どもたちが学びあえたり、一緒に考えたりできるものを中心に載せるようにしています。

ii　全員が載る一枚文集を

一枚文集では、全員を載せるということも大事です。書くことが苦手な子の作品を載せるのはたいへんかと思いますが、私はまずこうした子どもたちの作品から載せるようにしています。それは、載せられた子どもに書くことへの自信をもたせると同時に、まわりの子どもたち（とくに高学年の子）に対

して、この子の作品にもいいところはたくさんあるのだと認識させるためでもあります。

はじめはうまくかけなくても、その子どもにとっての進歩が見られたときやその子らしさが出ている作品は、みんなに紹介してあげて、よいところをほめてあげることが大事だと思っています。

iii　全員での読み合い（いいところ探し）

一枚文集の読み合いは、載せられた本人が音読し、その後その作品のよいところを発表し合います。子どもたちは、友だちの作品によって、題材や書きぶりを学び、文章に出てくるその子の生活にふれて、より身近にその子を感じることができます。読み合いでは、作品を書いた子を中心に、とても和やかなひとときになります。

載せてもらった子も、周りの子もその作品を囲んでいろいろなおしゃべりができます。それが楽しくて、一枚文集に自分も載せてもらいたいと考える子どもが多いことも確かです。そして、その気持ちがよりよい作品を生んでいると同時に、子どもたちの心の輪を広げているようにも思います。

3　今こそ日記指導を

随筆というとなんだか難しく考えがちですが、日記を継続的に書いていればそれほど難しいことではありません。継続して書くことで、子どもたちは日常の中から日記の題材を常に考えるようになります。書く題材が決まり書き始めると、漠然としていた考えや思いがはっきりしてきます。ときには、新たな考えや思いに気づくこともあるでしょう。こうしたことによって、子どもたちはものごとを的確にとらえたり、深く考えたりする力を身につけます。

これは、随筆を書くねらいと同じことが日記を書くことで達成できることを示しています。しかも、日記を継続して書くことで、随筆だけでなく、作文や手紙を書くときのベースとなる力をつけることができるようになるのです。多くの学級で日記指導に取り組んでほしいと願っています。

11

「学年の振り返り」を書く
文章で残そう。「いいね、すごいな、この作文」

一年を振り返り、自分の心に残っていること、友達との忘れられない出来事、学習や行事でのがんばりなど、書きたいことを見つけて記述していく。今まで書いてきた日記、作文つづり、ノート、文集などもふりかえりの材料にしたい。「おおきくなりました」（一年）「二分の一成人式」（四年）「卒業に向かって」（六年）と節目の学年では自分の成長と向き合い、書いていく機会になる。

近藤　孝（千葉）

もろもろの活動のそれぞれの頑張りにどんなことがあるのかを振り返らせることによって、次への春からの生活につなげていきたいと思います。

教育出版、国語三年・下には、「中心部分を明らかにして書こう」という単元で、「強く心にのこっていることを」という教材があります。「一年間の生活の中で、とくに思い出にのこっていることは、どんなことですか。そのときのできごとでいちばん

1　強く心にのこっていることを

一年間の活動を最後に振り返らせる。六年生ならば、卒業を前にして、この一年間、または、学校や習い事、地域の活動などを通して頑張ってきたこと、学んだことをもう一度振り返らせます。それ以外の学年でも、自分が一番心に残っている学習。行事や

つたえたい場面を中心にして、文章を書きましょう。」と教材文にはあります。この単元と合わせて、子どもたちに学年の振り返りをさせます。

2 具体的な指導

①意欲喚起

子どもたちに、一年間のなかで、いちばん自分が頑張ったと思われる出来事、心に残っている思い出を発展させます。今まで書いてきた生活ノート、作文つづり、詩と俳句のノートなども、振り返りの際の材料になります。それらをもとにして、いろいろなおしゃべりをクラスのなかで出し合わせます。さらに参考作品を読んで、どんなことを書くのかの見通しを持たせます。

②取材

そのあとで、「三年生の生活の中で、あなたが一番強く心にのこっていることはどんなことですか？」と、ノートに書かせます。

そのノートに書かれたことをもとにして、一覧表にまとめ、交流します。

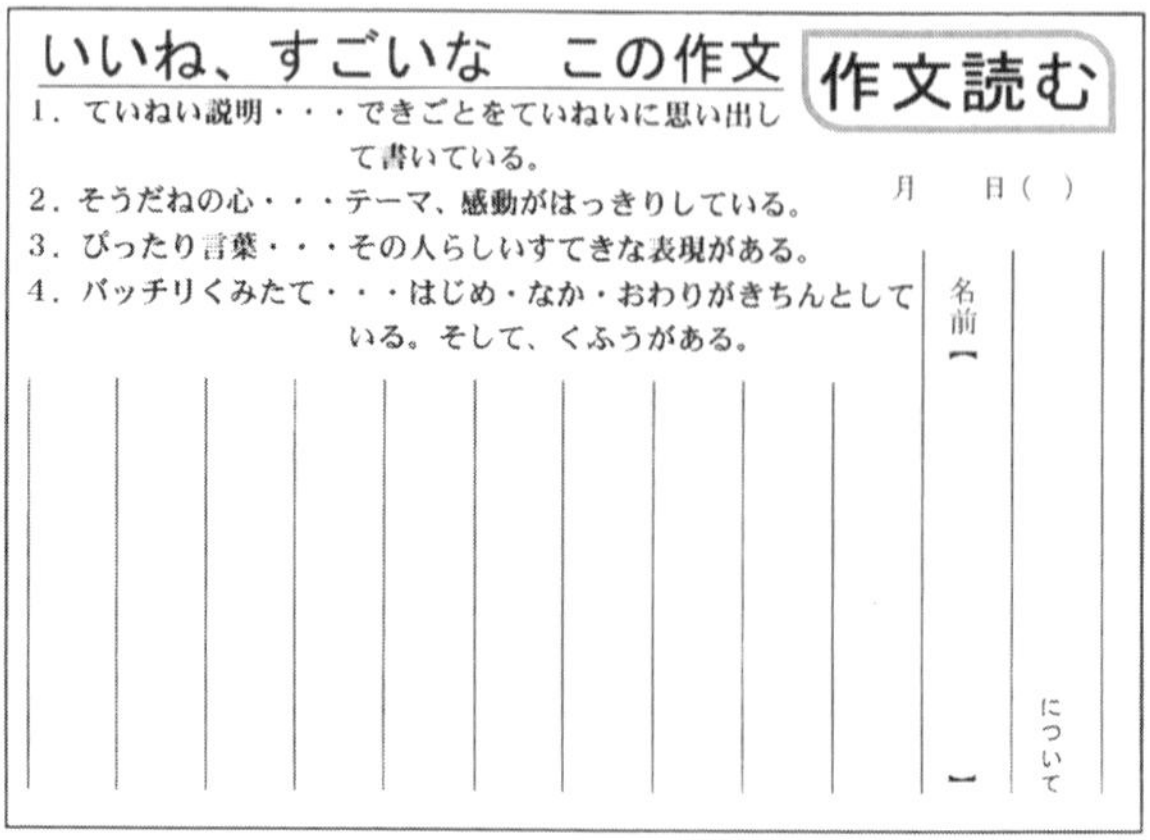
いいね、すごいな　この作文

作文読む

1．ていねい説明・・・できごとをていねいに思い出して書いている。
2．そうだねの心・・・テーマ、感動がはっきりしている。
3．ぴったり言葉・・・その人らしいすてきな表現がある。
4．バッチリくみたて・・・はじめ・なか・おわりがきちんとしている。そして、くふうがある。

月　日（　）

名前【　】

について

テーマ表（1）

三年三組習字代表……奥田
お父さんのしゅじつがせいこうした……富山
空手大会にでがんばったけど負けちゃった……下田
ホテルにとまって見たこうけい……大田
フラダンスの発表会でテレビに出たこと……宮田
習字のせき書会で金しょうをとれたこと……中田
さかあがりがはじめてできたこと……山沖

などのテーマが出されました。

友だちのテーマ表を見て、題材を変えてもよいということにしています。自分が今、一番に残しておきたいことを大切にさせたいからです。

③構成

書く前にどんな場面をもとにして、記述に入るかを決めさせます。中心とする場面をはっきりさせて、その前後の場面の組み立てをします。ここは、あくまでもメモである。構成メモというと、そのことに意識がいき過ぎて、実際の記述の際には、書きたい意欲がすでに減退しているということもよくあることです。そこで、四コママンガ風にメモをまとめさせました。

四つのコマを用意し、あえて、三番目のわくを二重にしました。そこのところを中心の場面と考えさせたいと思ったからです。枠のなかにマンガを描きます。マンガの苦手な子もいます。そういう子は、マッチ棒人間でもよいとします。それでも描けないという子には何も描かなくてもよしです。枠の下に、言葉でそのときの場面を書きます。簡単に箇条書きで書きます。あまり長々とは書かせません。これはあくまでも作文の設計図であり、自分がこれから書こうとする指針となればよいのです。

ここでは、自分のいちばんに伝えたいことを意識させるために、はじめ↓なか↓おわりという構成を考えさせるとともに、そのなかでも、もっとようすを考えて、伝わるように書くことを意識させたいと思います。そのことが、自分の思いをはっきりと伝えることができる力にもなっていくのです。

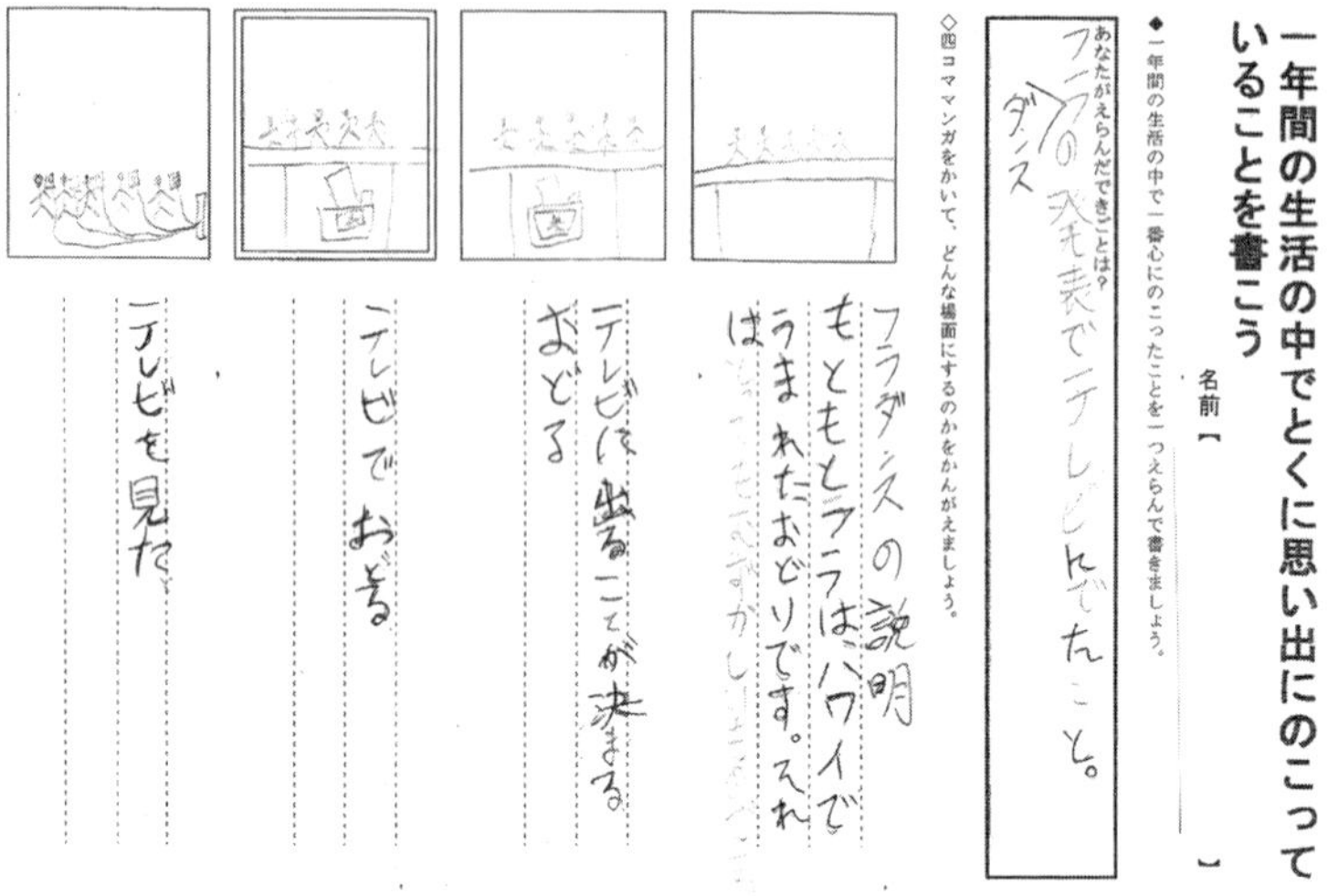
一年間の生活の中でとくに思い出にのこっていることを書こう

名前【　】

◆一年間の生活の中で一番心にのこったことを一つえらんで書きましょう。

あなたがえらんだできごとは？

フラダンスの発表でテレビにでたこと。

◇四コママンガをかいて、どんな場面にするのかをかんがえましょう。

④記述（作文信号を通して）

四コママンガ構想メモをもとにして、記述していきます。このとき、それまでに取り組んできた「作文信号」を意識させて中心場面について記述させます。

作文信号の「赤」は、「したこと」。「青」は、「見たこと」「言ったこと」。「黄色」は、「思ったこと」「感じたこと」。「赤信号」は、「したこと」の文。これだけだと、ようすが少しわかりません。「青信号」は、そのときのことを、よく思い出した証拠。「黄色信号」は、「思ったこと」の文。思ったことは必要なのだけれど、こればかり多過ぎても、自分だけわかって、読むほかの人にはよくわかりません。自分を自動車と見立てて、青信号でどんどん先に進めさせます。ときどき、「黄色」で自分の思ったことや感じたことを振り返り、そして、「赤」で自分のしたことをはっきりさせます。

実際に文を書きながら、この「作文信号」の作業ができる子はほとんどいません。書いたあとの推考とも関わってきます。用紙の欄外に、赤、青、黄色の色鉛筆で段落に色分けさせます。そうすると、自分が何の色で書き進めているのかがわかります。「青」が少ないと思った子には、さらに、自分や周りの人たちがどんなことを言っていたのかなどを思い出すように声をかけます。「黄色」がない子には、その時、自分がどんなことを思っていたのかを思い出すように促します。そのことを、隣の席の子どもたち同士でやらせてもよいです。色分けをしている用紙を見れば、どの子も、何がたくさんあって、何が少ないのか。バランスよく整っているのかがわかります。

段落の中には、単色では色別できずに、「赤」「青」「黄色」の混色もあります。「しいて付けるとすれば、何色になるのかな。」と促すことで解決できます。それでもできない場合は、二つ、三つの色を付けておく。構想メモづくりと同じです。この作業だけに執着させてはいけません。

⑤鑑賞

友だちの書いた作文をみんなで読み合います。机の上に自分の作文を置いておきます。子どもたちには、「鑑賞カード」をもたせ、友だちの作文を読んだ後に、「鑑賞カード」を記入し、次の席に移動します。

観点は四つ。「ていねいな説明」「そうだねの心」「ぴったり言葉」「バッチリ組み立て」。この四つの観点で、友だちの作品をお互いに見合っていきます。

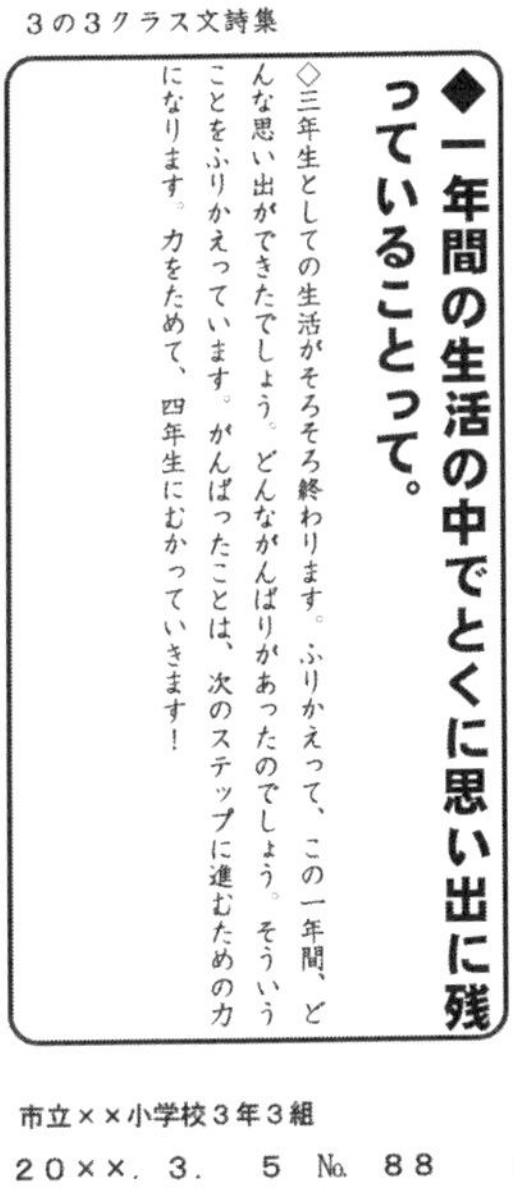

3の3クラス文詩集
きらり☆三組
◆一年間の生活の中でとくに思い出に残っていることって。
◇三年生としての生活がそろそろ終わります。ふりかえって、この一年間、どんな思い出ができたでしょう。どんながんばりがあったのでしょう。そういうことをふりかえっています。がんばったことは、次のステップに進むための力になります。力をためて、四年生にむかっていきます！
市立××小学校3年3組
20××. 3. 5 №. 88

★　一年間の生活の中で

フラダンスの発表でテレビに出た

宮田　佳行

①フラダンスは、こしをふったり、うぷを使ったり、一本ずつのステックというぼうをたたいたりしておどるダンスです。フラダンスには二つのしゅるいがあります。女のフラダンサーは、そのままフラダンサーで、男の方はメイズフラダンサーといいます。このように二しゅるいあって、メイズフラダンサーは、とってもめずらしいのであまりいません。大人になると、口から火をふき出したり、火のついた二本のぼうを使ってダンスをします。

②ダンスをおどりに車で行くと中、お母さんが、

「今日、テレビに出るよ。」

と、とつぜん言われてビックリしました。そのとき、「テレビの前でおどっていると中に、まちがえたらどうしよう。」と思いました。でも、本当にまちがえることを考えるとゾクッとしました。なぜかというと、はずかしくて、まちがえたことにたいしておこられたらいやだからです。

すっごくむねがどきどきしました。まちがえるな、まちがえるなと考え

①フラダンスの説明

■メイズフラダンサーというのがあるということを初めて知りました。（山田）

②テレビに出ることを知る

■きゅうに言われてびっくりしたね。まちがえたらどうしようという気持ち、よくわかります。（尾崎）

ていて、はじをかかないようにがんばるぞと思っている間にフラダンスをする会場についてしまいました。

③会場について、少し時間がたってからおどりました。

まず、さいしょは、えがおです。えがおもダンスの中ではぜったいにかかせないことです。えがおはフラダンスがおわるまでつづきます。

えがおはできました。

次にぼくにとってはむずかしいこしをふる動きです。こしを曲げるときは、

「右前、左、後ろ、右、前、左、後ろ。」

と言われていました。でも、こしが少ししか曲がらないので、うまくできませんでした。それにくらべて、「女の子は、こしがちゃんと曲がっていいな。」と思いました。

三つ目は、手をふるです。手は頭の上で回すやつもあるし、むねの前で手をかためてやるやつもあるし。でも、なんとかできました。

全部なんとかできました。とてもむずかしくてむりだったけど、はじをかかないように一生けんめいおどりました。とってもたいへんでした。ぼくは、

③テレビでおどる

■笑顔が大事。ずっと笑顔というのも大変なことだよね。（下田）

■こしふりもたいへんそう。（依田）

■全身でおどるのですね。（吉野）

■はじをかきたくない！　この気持ち、とっても大切だと思う。（萩野）

★　一年間の生活の中で

「はぁ。」

と、ためいきをつきました。

一曲目の曲は、「カウボーイ」の曲です。おどり方は、さいしょに手を前に出し、片足を前に出します。片足は、ぜったいに右足じゃないといけません。そして、頭を前にたおし、その次にお客さんを見るように前を見てわらいます。そして、足をクロスしたり、こしを回すと同時に、右手を頭の上に高く上げて回ります。そのあとに二歩ずつ二歩ずつ横にいどうします。こしに両手をあててやります。

そのあとは、二曲目です。二曲目の曲は、「つり」の曲です。さいしょの方は、カウボーイの曲といっしょで、手を前に出し、頭も前に出します。右足も前に出すしせいです。曲の「ウォリゴリィ。」のところで、左右の手をぐうにして、左右にふります。その次はカウボーイといっしょで、左右に二歩ずつで横に歩きます。

次は、三曲目です。三曲目の曲は、「アイ、アエ、ケアオ、ネイ」です。おどり方はせいざです。はじめは、曲の名前、

「アイ、アエ、ケアオ、ネイ。」

とかけ声をあげながら、二本のぼうをクロスにします。そして、音楽に合

□一曲目、「カウボーイ」

□二曲目、「つり」

□三曲目、「アイ、アエ、ケアオ、ネイ」

わせてぼうをたたくだけです。

おわって休けい時間になりました。

「おれたち、がんばったよね。」

と、先生に言うと、

「がんばりましたよ。」

と言ってくれました。

④テレビを見てみると、よくできていたなと今も思います。

テレビを見ていたお母さんも、

「よくできたね。」

と言ってくれました。

本当にテレビに出ているおれってちがうなぁと思いました。

フラダンスでテレビに出られるなんてすごいな。

■フラダンスに一生けんめいに取り組んでいる宮田さん。宮田さんが、どんなふうにフラダンスをおどっているのかがわかりましたよ。一生けんめいにやっているフラダンスでテレビに出られたことは、宮下さんにとっても大きな思い出ですし、大きな自信になったことでしょう。

■「おれたち、がんばったよね。」先生にかくにんしているのがいい。（飯桑）

④テレビを見て

■テレビに出ている自分を見て、どんなに自分ががんばっていたのかを自分で知ることができたね。（米山）

□はじめ、中、おわりを考えて作文を書きました。よい構成になっています。

鑑賞批評の仕方は、いろいろあります。「いいね、すごいなこの作文」という見出しは、子どもたちの思考を方向付けてはいないかとも思われますが、子どもたちは、一生懸命に友だちの作品を読んで友だちのよさを見つけようとします。そこから学ぶという姿勢を大切にしたいのです。

3 目次を付けた文集づくりへ

そして、この活動だけでは終わらせません。ここで読んだ作品を文集にして、もう一度、今度は一斉に読み合う。友だちは、この一年間で、どんな頑張りをしたのかを文集の形でもう少し深く確認し合ってみます。

一年間の学習や生活を振り返らせるために、文章で残してあげるのは、本人の次への活力になっていきます。そうして、お互いにそれぞれの活動を認め合っていくなかで、次への学年、学校に向かわせてあげたいと思います。

それと同時に、私は、一年間の文集を一冊の本に仕上げていきます。子どもたちに渡してきた一枚文集を綴じていくわけです。ただ、一つにまとめて綴じるのではありません。表紙を付け、文集の目次を付けていく。この目次づくりが自分にとっての実践のまとめになります。どんな思いで、子どもたちと接してきたのかが見えてきます。教師も最後に一年間を何らかの形で総括し、次への出会いにつなげていきたいです。

～4章～

「読み合い」のすすめ

1 学級で生まれた作品を学級で読み合うということ
――書き手と読み手、共に意識が変わる・深まる

生田目　静子（神奈川）

1 予期しないおもしろさ

これまで、子どもたちが書いた日記や作文などを一枚文集にしたり鑑賞の時間をとったりして読み合ってきました。読み合う作品は、次のようなときに取り上げました。

・「あの子がこんな作品を書いてきた」と思える作品
・クラスの深まりをみんなで味わいたい作品
・最近、あまり掲載していない子どもの作品
・クラスの様子や最近の子どもの思いを保護者に知らせるための作品

等です。

子どもたちが書いた作品を読み合っている時の子どもたちの反応に視点をあてて見ていこうと考えました。そうすることで、書き手はもちろん、読み手の子どもたちの思いも深く見えてくることに気がついたからです。また、読み合いの授業を通して、子どもたちの意識が変わっていくようすも見えてきた

からです。

　次に、具体的な実践を述べながら「学級で生まれた作品を学級で読み合う」ことの意味を考えます。

　恵さんには、障害をもった弟がいます。お母さんは、そのことをまだ、受け入れることができずに、心療内科に通っていました。恵の子育てに関われずに「私は親として資格がない」と涙ながらに話し、親として自信をなくしていることや、そのために学校で影響がでていないか心配していることなどを面談で話してくれました。そんなお母さんに、「資格がないどころか、お母さんのこと大好きですよ」。と恵さんが学校で書いた「あのね」を読んでもらうと喜んでいました。

　きのうの　よる
　ままと　ぎゅうしたよ
　2かいもしたよ
　うれしかったよ
　また　ぎゅうしてね、まま

　この恵さんには、吃音があります。お母さんはその原因を「家で良い子をして無理をしているからではないか」と心配していました。
　恵さんが「先生、おもしろいことを『あのね』に書いた」。と笑顔で見せてくれた文を、読み合いの授業に使いたいと思いました。恵さんを主役にした授業を組みたいと思ったことと、日常の何気ない出来事を「。」を思い出して詳しく書けていることなども、読み味わえたらいいなと思ったからです。この文を読み合いの授業に使ってよいか、お母さんに確認をとったら「恵が元気に頑張っているようすがわかって嬉しいです」。と喜んでくれました。

月よう日、じぃじに
「水よう日、めぐが　大すきなオムライスにして。」ていったら、じぃじが
「いいよ。」

ていったから、めぐは
「やったあ。」

ていったら、じぃじが
「おばあちゃんに　いっとくね。」

ていったから、めぐは、

「はぁい。」

ていって、水よう日になったら、

「きょう、オムライスでしょう。」

ていったら、じぃじが
「おばあちゃんにいうの　わすれちゃった。」

ていったから、めぐは、

「月よう日　やくそくしたのに　どうして　わすれるの」

ていったら、

「ゆびきりげんまんする。」

てじぃじがいったよ。じぃじが、

「ごはんだよ。」

ていったので、ごはんを見たら、オムライスだったから、びっくりしたよ。めぐは、

「だましたな。」

て　なんかいも　いいつづけたよ。


子どもたちの作品に対する感想が続いた後の、展開です。

C　おじいちゃんは、なんでめぐちゃんをだましたんですか?

T　本当だね。なんで　めぐちゃんをだましたんだろう。

C　だましたんじゃなくて、忘れていたから急いでおばあちゃんに言って、作ってもらったんだよ。

C　おじいちゃんは、めぐちゃんをびっくりさせようとして、わざとうそをついた。

C　オムライスを見たら、めぐちゃんが喜ぶから、めぐちゃんの笑顔を見たいから。

鈴華　めぐちゃんが　大好きだから　わざとうそをついた。

恵　えーっ、じぃじは、めぐのこと大好きなのかぁ。

（以下　略）

その後、しばらく家族に嘘をつかれたときの発言が続きました。「あっ、うちのお父さんが、お母さんと結婚する前に別の人と結婚したって、みさにうそついたんだよ」。「うちのお姉ちゃん、私のカセットこわしたって、うそついたんだよ」。どの子も実に楽しそうに語っています。鈴華さんが「めぐちゃんが、大好きだから　わざとうそをついた」。と発言したとき、恵さんは「えーっ、じぃじはめぐのことが大好きなのかぁ」。と笑顔でつぶやきました。かわいがってもらえていることは感じていても、友だちの発言で再確認したようです。他の子どもたちも「わざとうそをつくのは、大好きだから」ということに納得できたから、その後自分が嘘をつかれたときのことを安心して語り出したのでしょう。

このような展開になるとは、思ってもみなかったわたしは、学級で読み合うことのおもしろさを改めて実感したのです。

2　読み手が自分を語り出す

ゆきがっせんして　たのしかった。でも、ちょっとしか、できなかった。ぼくは、けいくんに　くびから上をあてちゃったから、けいくんの耳をあてちゃったから、

「ごめんね。」

といったけど、ぼくは、おたがいさまだとおもう。

そのわけは、さいしょ、かいだんからおりたと

き、けいくんに　二かいもあてられた。だから、ぼくもけいくんに二かいも　あてちゃった。おへやにかえってから、ぼくも　けいくんに　くびから上をあてられたことをいいにいこうとおもったよ。でも、やくそくだから、きょうしつから　出たらだめっておもったよ。みんなが、きょうしつにかえってきたとき、先生に「ぼくも、やられたんだよ。」とはっきり　いったから、じぶんでは、（えらいな。）と　おもったよ。いえたから、すっきりした。

（波線は、筆者）

雪が降った日、子どもたちと雪合戦を楽しみました。「首から上をねらって当てたら、教室でお留守番」という約束にしました。楽しみにしていた雪合戦なので、約束をみんな意識して守ってくれるだろうと思っていたのですが・・圭さんが耳を押さえて泣いていました。元気いっぱいの裕介さんに雪玉を当てられたのだと言います。約束通り裕介さんは、風邪気味で教室にいる友達と自習になりました。

それから何日かたった作文の時間、裕介さんは、この時のことを自分から作文に書いてきました。自分のことを見つめようとしている裕介さんを、私は嬉しく思いました。クラスで読み合ったら、苦情の多い裕介さんの良いところが話題になりそうだと考え、この作品を読み合いの授業に取り上げることにしました。

子どもたちは、その日のその場面を見て知っていたので、「少ししか雪合戦ができなくて　かわいそう」という感想が続きました。また、「先生に、圭君のことを言えてすごい」など裕介さんのいいところの感想が続いた後、子どもたちは裕介さんの作文にそって、自分を語り始めたのです。良太さんは「おたがいさまということは、ぼくにもあります。二組の倫君が『僕を待っていて』って頼んだのに、ぼくを置いて先に帰っちゃったの。その時すごくやだった。でも、今なら『おたがいさま』って思う。だって、ぼくもうちのクラスが早く終わったとき倫君を置いて帰ったことがあるから」。と語りました。裕介さんの作文の『おたがいさま』の言葉の意味を自分の体験と重ねて理解し、倫君を許すことができたようです。美緒さんは、次のように発言しました。「自分のことをえらいって思えていいな。みぃちゃんは、自分のことをえらいって思ったことがないから。私もまねしたいな」。美緒さんは、真面目で心優しく何でも一生懸命に頑張ろうとする子です。自分で失敗したと思うと担任が気がつかなくても涙を浮かべて「ごめんなさい」と言いにくる子なのです。いかにも美緒さんらしい発言に私もすぐに言葉をかけました。「美緒さんは、とても良い勉強ができたね。美緒さんは、素敵なところがいっぱいある子だから、自分のいいところを見つけられるように頑張ってね。先生も応援しているよ」。信さんは、ささいなことでもすぐに担任に訴えに来る子です。その信さんが「ぼくも言えなかったことが言えてすっきりしたよ。（えっ、信さんにも言えないことがあるのかなと一瞬思いました。）だってね、図鑑や本に油性ペンが写っちゃったの。しまったって思って、お母さんにナイショにしたの。でも、次の日お母さんに言ったら、『ちゃんと言えたから許すよ』。って言ったから、うれしかった。言えたからすっきりしました」。ないしょにしよう、でもやっぱり・・と気にかかっていたことをお母さんに言えて、とても嬉しかったのでしょう。その時のことを思い出したのです。

次々に自分を一生懸命に語り出す子どもたちを愛おしく思った時間でした。

3 子どもには子どもの目線が

読み合いの授業では、ねらいをもって私が選ぶことが多いです。しかし、担任が予想していなかった文が、子どもたちにとってはピッタリくる場面に出くわすことがあります。そんな時、「なるほど、一年生ってこんな意識なんだな」とその度に、気づかされます。

このまま、おねえちゃんとあそんだとき
おねえちゃんが、いきなり
ぼくのあたまを
「おにぎり」
といったから、ぼくも
おねえちゃんのあたまを
「とんがりこん」
といいつづけて
おもしろかったよ

しばらく　載っていない子どもたちの「あのね」の中から賢さんの文を読みあいました。子どもたちは「おもしろい！」と言いながら笑いだしました。「何がおもしろいの？」と聞くと、

C　だって、「おにぎり」とか「とんがりこん」とかおもしろい。
C　どっちも　おいしい食べ物だから　おもしろい。
C　「とんがりこん」って何ですか。
C　「とんがりこん」って体育で使う「コーン」みたいでこんぐらいの大きさで、黄色くておいしいんだよ。
C　言い続けているから　仲がいいと思います。
賢　違うよ。だって、この後、どっちが先にお風呂に入るかで　けんかしたから。

賢さんの言葉に、また、子どもたちは大笑いです。子どもたちの反応に、私まで楽しい時間でした。

目の前の、今の時代を生きている子どもたちの意識を知るためにも、子どもたちが選んだ作品をじっくり読み合いの時間に取り上げたいと思います。

子どもたちが、自分を表現することの大事さをわたしたちは、日々の中で実感することが多くあります。「よくここまで、書けたね」「この内容を選んで、

よく書けたね」と思える作品に出合うこともあります。そんな時、この子はこの文を書いたことで、一つ成長したなと思うのです。裕介さんの「ゆきがっせん」の作文を読んだときもそのことを感じました。

また、「学級で生まれた作品を学級で読み合う」ことに意味があると実感してきました。友達の発言を聞きながら恵さんのように書き手が認識を深める場面に出合うことがあるからです。また、読み手が、作品を読みながら、実は自分自身と向き合い、自分をとらえ直す作業をしている場面に出合うこともあるからなのです。そんな意味でも、この時間を大切にしたいものです。

2 言葉に表せない辛い気持ちに寄り添って
――読み合うことで、友だち、自分を見つめて

関口　小夜子（東京）

二年生の一学期当初はどの子も元気に登校し、新しい担任にもクラスや友だちにも少しずつ慣れつつありました。

梅雨の季節に差し掛かったある日、今まで何も問題なく登校していた美紀さんが、突然登校を渋るようになりました。週に二、三日しか登校できなくなってしまうという状況が一ヶ月ほど続いたことがありました。週初めの月曜日は、高い確率で欠席をすることが見られ、また、週終わりの金曜日も欠席することが多くなっていました。

1 読み合うことで少しずつ気づき始めた

今年も、子どもたちが「書きたい」と思った時にいつでも日記を書けるように取り組んできました。また、子どもたちが書いた面白い表現の作品や、その時の教室のようすが伝わるような作品を学級通信に掲載し、クラスのみんなで楽しく読み合ってきました。

私は、学校で困っていることがあるのではないかと思い、美紀さんが登校できた時には、できるだけ美紀さんの行動を観察したり、「今、学校で何か困っていることはない？」と聞いたりするなどして、問題点を探っていました。しかし、美紀さんは「学校は楽しいよ。友だちと遊ぶのが楽しい。」と明るく話してくれるのでした。

登校渋りが三週間ほど続いたある土曜授業の日、美紀さんがこんな日記を書きました。

「休み」　六月十四日（土）

みき

わたしは、月、火、金曜日、休みました。わたしは、今日が休みだと思っていました。そしたら、杉山くんがれんらくぶくろをとどけてくれました。きのうは、おねえちゃんが出てくれました。

わたしは、たくさん休んでいるのでみんなにしんぱいをかけているので「はやく毎日学校にいきたいな。」と思っています。

はやく学校に毎日いきたいです。

美紀さんは、おとなしく物静かな女の子で、授業中もあまり発表することはなく、いつも自信がなさそうなようすが気になる子でした。しかし、日記には自分の気持ちを書くことができます。この日記を読んで「美紀さんは毎日学校に行きたいと思っているのに、なぜ登校を渋っているのだろうか。」と疑問に思いました。

そこで、次に登校してきた日に、この六月十四日の日記をみんなで読み合うことを美紀さんに提案すると、快諾してくれました。以下、読み合いのようすです。

C：私も時々休んだことがあるから、美紀さんと同じでさみしくなったことがあるよ。

C：美紀さんは、本当は学校に来たかったんだということがはじめてわかった。

T：そうだね。みんなも美紀さんが学校に来られなくなっている理由がわからなかったからね。

C：ぼくはこの時、美紀さんに早く学校に来てほしいなって思ってたよ。

C：私は美紀さんが休んじゃうと勉強も二十八人でしかできないし、なんかちょっと淋しいなと思いました。

C：美紀さんは行きたくても行けない気持ちだったんだということがわかったよ。

C：休んでいるのに、みんなのことを心配しているのがすごいなぁと思う。

読み合いをしたことで、学校を休んでいる時、クラスのみんなは心配してくれていたことがわかり、美紀さんは、安心したようすでした。また、ほかの子にとっては「学校に来たいけれども来ることができなくなってしまうことがあるのだ」ということがわかり、今までよりも美紀さんに対してやさしい気持ちで見つめる目が育っていったように思います。

読み合いの後に書いた美紀さんのメッセージです。

みんなへ

みき

本当は、学校へ行きたかったけど、行けなかったからちょっとさみしかったです。その時に、次の日は行くって思っているけど、行けないから、ママにたまにおくってもらってるから、ママにもうしわけないなと思っていました。みんなにわかってもらえてうれしかったです。

この読み合いをした段階では、美紀さんが、「なぜ学校に来られないのか。」誰もわかりませんでした。

2 辛い気持ちにもっと近づきたい

読み合いをしたうえで、美紀さんが本当は学校に行きたいと思っているのに、なぜ行けなくなってしまうのか、その本当の理由が知りたくなりました。今まで何気なく読んでいた美紀さんの日記をもう一度遡って読んでみようと思いました。美紀さんの日記を読み直していて、気になる日記を見つけました。

「きのう」　五月十四日（水）　みき

わたしは、きのう学どうじゃなくて、学どうなしでおうちにかえりました。おかあさんはしごとなので、じぶんのカギであけました。

かぎで入ると、さみしくなりました。

美紀さんは、一年生の頃から学童に通っていて、時間になるとお母さんが迎えに来て一緒に帰っていたようです。しかし、二年生になるとお母さんは仕事を増やして遅くまで勤めるようになりました。美紀さんは家の人からカギを預かり、一人で帰って誰も居ない暗い家の中に自分でカギを開けて入っているということに気づきました。そこで、その日の帰り際に、もう一度美紀さんに話を聞いてみることにしました。

「今、お家の中で何か辛いことや、困っていることはない？」

と聞いてみました。すると、

「ママには言わないでね？」

と前置きをして話し始めました。

「本当は、学校から帰ったら、ママに家にいて欲しい。毎日じゃなくてもいいから……。家に帰ったら一人なのが淋しいし、不安なんだ。」

と心の内を教えてくれました。

「お母さんにはそのこと話してはいないの？」

と聞くと、

「ママは、お仕事で忙しくてたいへんだから、こんなこと言ったら、もっとママは疲れちゃうから……。」

と、話してくれました。

美紀さんは、お母さんのたいへんさを気遣って、本当の気持ちを言い出せずにいることがわかってきました。

次の週、美紀さんは月、火と、昇降口までお母さんと一緒に来ましたが、教室がある三階まで上がってくることができず、欠席しました。

そして、翌日登校できた時に次の日記を書きました。

「学校」　六月十八日（水）

みき

きのうわたしは学校に行こうと思っていたけど、学校のある時になると「休みたいな。」と思った。

でも、学校はべんきょうするところだからがんばって、でもきのうはおそくなったのでママといっしょにがんばって行きました。

みんながハイタッチしてくれたので「あしたはがんばるぞ。」と思った。

この日記には、美紀さんの「休みたい。」という本当の気持ちが書かれていました。しかし、どうして休みたいと思うのかが書かれていません。そこで、この日記を次の日にみんなで読み合うことにしました。以下、読み合いのようすです。

C：「休みたいな。」って思う時は、私もあるよ。「学校行きたくないな。」って。でも、美紀さんはなんで「休みたい。」って思ったのかな。私が「休みたい。」って思う日は、いやなことがあったりとか、熱っぽいとか、そういう時「休みたいな。」って思うよ。

T：みんなも、「休みたいな。」って思う時はある？

C：あるよ。習い事とかで遅く帰って来た時。やっぱ、疲れるから。明日がんばるぞーって思えなくなるの。
Ｃ：僕はね、友だちと帰る時にケンカしちゃった時。
Ｃ：あー。昨日そうだった！　お兄ちゃんとケンカした！
Ｃ：僕、お父さんとお母さんがケンカしている時に一緒に怒られた時あるよ！
Ｔ：そうか。みんな、どのお家でもいろいろあるのね。じゃぁ、美紀さんはこの時どうして「休みたい。」って思ったのかな。
美：朝起きるのが遅くなっちゃったの。
Ｃ：どうして朝起きるのが遅くなっちゃったの？
美：たまにママが遅番の時、九時くらいに帰ってくるから、寝るのが十時半くらいになっちゃうから。
Ｃ：そっかぁ。お母さん帰ってこないと淋しくて寝むれないよね。
Ｃ：僕、ママに「お休み」って言って欲しい！
美：（思い出して涙を流す）

Ｔ：美紀さん、淋しいのを思い出しちゃったのね。これが一番の理由なのかな。
美：（うなずく）
Ｃ：いっぱい寝れば、パワーが出るけど、美紀さんはお母さんがいないと淋しくなって眠れないから、それでパワーがちょっとなくなってるんだと思う。それで学校に来れなくなってるんだと思う。
Ｔ：美紀さんどう？　合ってる？
美：（涙を拭きながらうなずく）
Ｃ：え！　じゃ、美紀さんはいつも夜ご飯どうしてるの？
美：お兄ちゃんやお姉ちゃんが作れる時は、先に食べてママが帰ってくるの待ってるけど、お兄ちゃんたちが作れない時は、ママが帰ってくるまで待ってる。
Ｃ：えぇ！　僕、お腹空いちゃって待てないよ！
Ｃ：私もそうだったら美紀さんと同じで淋しいって思う。

C：美紀さんはきっと、いつもママが遅く帰って来るから淋しくて寝むれなくて、朝「休みたい。」って思っちゃうんだね。
C：でも、学校に来て美紀さんはすごいって思ったよ。
C：泣いちゃうのわかるよ。それでも学校に来てえらいね。もし私だったら、来れなくなって泣いちゃうな。
C：美紀さんは、いつも我慢しているんだね。
T：私も我慢してるよっていう人、ほかにもいるのかな？
（いつも我慢して頑張っていることを聞いてほしい子どもたちがここで続々と発表する。）
C：本当は美紀さんはもっと甘えたいんじゃないかな。
C：美紀さんは、本当はどう思っているの？
美：うん……。本当は甘えたいんだ。
C：ママに甘えるとパワーが出るんだよ！

この読み合いをしたことで、クラスのみんなが、美紀さんの辛い気持ちに寄りそうことができたように思います。美紀さんにとっては、クラスのみんなに共感してもらえたことで、最後には本音を話すことができています。また、ほかにも同じような境遇の友だちがいるということを初めて知り、辛い気持ちを少しは和らげることができたのでは、と思います。

今はまだ、我慢する境遇にない子どもたちにとっても、いつか自分がそんな状況になった時、美紀さんのように頑張る友だちの顔を思い出すことができれば、その時の辛さを乗り越えることができるのでは、と思います。

そして、担任である私にとっても、第二、第三の美紀さんになりうる子どもたちが、日々当たり前のように切ない気持ちを抱えながら生活しているという事実を知ることのできる機会となりました。

二学期になり、美紀さんは登校を渋ることはなくなり、元気に登校することができています。しかし、美紀さんの生活は、少しは改善されましたが、今もまだ淋しい、辛い気持ちを我慢する生活は続いています。美紀さんの頑張りがいつまで続くかが、今もなお気掛かりです。

「書く」ということは、自分の内面と向き合うことだと私は考えています。そして、その書いたものをほかの誰かに読んでもらい、共感してもらえることで、辛さを和らげることができ、目の前の壁を乗り越えて行けるのだと思います。

これからも、子どもの「言葉に表せない辛い気持ち」に寄り添っていきたいと思います。

~5章~

「生きること」に向きあう

1 生活・思いを表現する言葉と自由を
――管理された「技術」としての言葉から子どもたちを取り戻すために

得丸 浩一（京都）

自分の本音がわからない

「小中学生の頃、作文に、自分の本音を書くという発想はなかった」ある大学の学生たちの少なくない声を紹介すると、「そもそも自分の本音がなんなのかわからないという声も多い」と。これも大学関係者の発言である。「レポートは自分の考えなら何を書いてもいいよ」と言うと「本当にいいんですか」と何人もが尋ねるというのは教員養成大学のこと。

学習指導要領から「作文」が消え、「書くこと」として設定されているのは小学校低学年「絵に言葉を入れること・伝えたい事を簡単な手紙などに書くこと・先生や身近な人などに尋ねた事をまとめること・観察した事を文などに表すことなど」、中学年「手紙を書くこと・自分の疑問に思った事などについて調べてまとめること・経験した事を記録文や学級新聞などに表すことなど」、高学年「礼状や依頼状などの手紙を書くこと・自分の課題について調べてまとまった文章に表すこと・経験した事をまとまった記録や報告にすることなど」である。自己表現としての文章表現の意味は無視されている。

「関心・意欲・態度」が評価される影響も小さくない。インターネット上で公開されているある教育情報サイトは「内申点に影響する『関心・意欲・態度』の評価の上げ方」を取り上げ、「どのようにして評価をあげるか。そのためには『一生懸命やっています』『やる気があります』ということをアピールするにつきます。『受験に有利な内申点のあげ方』でもご紹介していますが、提出物の期限内での提出は当たり前、忘れ物も0、授業も積極的に参加して授業に関する質問、発言を増やす。これらさえ、しっかりやっていれば、自信のない教科でも必ずいい評価に変わります。」と解説している。本音はどうでもいい。建て前を積極的にアピールせよとの教えだ。「自分の考えなんて書いてもいいのか」という学生の反応が出てくるのはむしろ必然と言うべきであろう。自分を出せない苦しさは、SNS上で爆発する。「本当の自分」をキーワードとする書物は限りなく出版され、「自分の本音がわからない」人は来たれとのカウンセラーの宣伝もネット上に飛び交っている。オウム真理教などはそんな中で信者を増やした。

教室は「道徳的な正解」を求められる場になっていないか。「うれしかった」「楽しかった」だけではなく、そのままの自分を出し合える空間であるだろうか。

必要のない人だと思われている

五年　ゆたか

ぼくは、必要じゃない人だと思われている。海の家のはんでも、き馬戦でも。

ぼくはぼくなりに一生けん命にしてたつもりでも、だんだんこわくなってきて、何も言えなくなってしまう。三年生のときのようにからかわれてクラスのみんなに口を聞いてくれなくなったり、さわるなとか近づくなと言われたことを思い出すからだ。投げ出すわけでないのだけれど、ぼくが必要じゃないなら海の家も行きません。吉田さんと木島さんがリーダーの仕事もしてほしい。その方が二人にとって山の家が楽しいと思うからだ。運動会も閉会式の司会は本部役員の仕事だから出ます。き馬戦の練習の時に中井さんは手がすべらないようにするには砂をつければいいと一生けん命教えてくれてうれしかった。

ゆたかはこの日記を泣きながら書いたという。「みんなで考えなければならない問題」だと言って、読み合い、考えを書いた。

ＡＤＨＤと診断され定期的に児童相談所にも通うすぐるは、ゆたかの文に網の目のような斜めの線を書いていた。

ぼくはゆっくんのいやな気もちがわかります。

ぼくも四年生のころはよく心にしみていて、四年生の記おくは二度と思いだささない

すぐる

ように心で何本もくさりでふういんしています。なぜ消したかというと、この文を読むだけでゆっくんの出したくなかった気もちや、ふういんしたあの地ごくの四年のころを思いだしてしまうからです。

だから、ゆっくんやぼくは、自分の心の中で一生思いださないように、この文や心の中で二度と思いださないようにふういんします。

ゆたかは宿泊学習の班リーダーをやりきり、目立って積極的になった。すぐるは、じっと座っていることはできないものの、休み時間も放課後も友だちと遊び回っている。四年生当時のすぐるの経験を私は知らない。しかし当時のすぐるはその経験を書かなかったのではないだろうか。

不安の中の子育て

「最近、保健所や療育相談の場、小児科医や神経科などに、子育てに関する漠然とした不安をかかえたお母さんたちが相談にこられることがふえています。保健婦さんたちは、かつて検診の場でいわば『御墨付』のひとことだった『お母さん大丈夫よ、お子さんはちゃんと育っていますよ』という言葉が、力をなくしつつあると訴えています。」（田中千穂子著『子育て不安の心理相談』大月書店）

十五年以上前のこの指摘は、杞憂に終わることなく、より深刻になっているのではないか。経済的な不安、地球規模の環境不安、子どもの育ちの不安……の中で「正しい子育て」と「母親責任論」が強調される。当然出生率は下がり続ける。笑ったり、泣いたり、怒ったりという赤ちゃんの自己表現を受け止める親の感受性は、親自らが「人を信じ、自分を信じられる」安心感に包まれる中で育まれるものだろう。そうだとすれば、「学力やコミュニケーション力をつけるために」ともてはやされる子育ての方法論、そのための「ことばの指導」や「表現指導」の強調ではなく、親自身の自己表現の保障と、それを受け止める豊かな場が大切にされることなしに子どもたちの不幸は改善しない。

どんなことばも受け止められる安心感

中学校受験のために進学塾通いを続ける五年生のつよしは、「先生とクラスが変わった今日のことを書いてきて」と言って渡した最初の日記にこう書いた。

四月八日火曜日午前九時。運動場に咲き誇る桜の前で、僕は緊張の顔をずっと浮かべていた。

担任の先生は、得丸先生か吉田先生、田中先生、伊藤先生の誰かとは決まっていたけれど、全く誰か予想がつかなかった。

僕は、座っている位置が後ろだったので、クラスが書いてあるプリントを配られるのが最後だった。中を見ると得丸先生の一組だった。

　最後になりましたが、一年間よろしくお願いいたします。


子どもたちの日記を一枚文集にして読み合う。つよしは塾の忙しさもあるのだが、なかなか日記が書けない。五月の家庭訪問の時、「つよしは、普段のことなんか書いて何になるの？　と言っています」と母親から聞かされた。

塾の大変さと、家庭事情もあり、四年生のつよしはキレて、教室を飛び出すことが何度もあった。五年生になってからは回数は急減したが、それでも二度、机を倒して叫ぶことがあった。落ち着いてから、学校に持って来ていた塾の重たい鞄をみんなに見せ、「つよし君は、これを持って塾に通っている。たまに爆発してしまうこともあるけれど、そんなしんどいことに耐えてがんばっていることをわかって」と話した。

その後、つよしは落ち着いてきたか。逆である。教師反抗ともとれる言動が目立つようになった。授業中、「なんでこんなことせんならんの」「おもんない」と何度も繰り返す。社会見学に出かけた時も「自由時間はないのか」「オレ、こんなとこきらい」と私のそばで言う。甘えられるようになってきたのだととらえ、「そうか」とだけ返す。そんな中、めったに書かないつよしの文は変わってきた。


八月十六日、お母さんといっしょに和歌山に行きました。京都駅から大阪駅までは新快速で三十分ほどで、大阪駅から和歌山駅までは紀州路快速で行きました。途中の日根野駅で関空行きと和歌山行きが分離されました。僕は電車が大好きなので、好きな駅（新家駅・和泉砂川駅・和泉鳥取駅・山中渓駅など）を通ると写真を撮っていました。和歌山駅まで二時間近くかかったのでさすがに腰が痛かったです。着いたら早速ラーメンを食べに行きました。もちろん食べた店は「井出商店」です。行った時は二時過ぎだったのに、二十五人位の人が並んでいました。やっと入れると思ったら座るところがなくて、十分位したら一つ空きました。相席当たり前です。僕はラーメン大盛りを頼みました。メチャクチャおいしかったです。満腹になりました。

その後、何をしようかと迷ったけど、和歌山市内にはあまりいい観光スポットがないし、レンタカーもないので、カラオケに行きました。一時間三十分歌いました。「アナと雪の女王」「恋するフォーチュンクッキー」「ヘビーローテーション」「栄光の架け橋」「ヒーロー」など歌いました。

とても楽しかったです。

夏休み一番の出来事としてはさびしいとも読めるが、母親はなんとかつよしに息抜きをと考えたのだろう。有名店のラーメンを食べ終わるところまで、段落を分けることもなく一気に書いている。つよしの文の変化は、「おもんない」と言える、「文句ばっかり言うなよ」程度のことは担任から言われるが厳しく注意されることはない、話の合う友だちもいる、そんな教室があったからだろう。「人を信じ、自分を信じられる」子どもに育ってほしいと願う。その時大切にしなければならないのは、「正しさ」を強調し、はみ出すことを許さない力の指導ではなく、「ゆっくりでいいよ」「大丈夫だよ」「あなたらしくていいよ」と、一人一人の子どもに伝えることだろう。「正しいことば」であるかどうかではなく、未熟でも、間違っていてもいい、自己表現としての自分のことばであるかどうかこそが大切なのだ。そしてこのことは、生活綴方の実践、保育実践、医療現場、社会福祉の現場などでは自明のこととされてきたのではなかったか。

豊かな生活体験を土台にして

「コミュニケーション能力」の育成が必要だと言われて久しい。文部科学省は二〇一〇年に「コミュニケーション教育推進会議」を設定している。このような状況を岩川直樹氏（埼玉大学）は、「魚を水から上げて、泳ぎ方を教えるようなもの」と批判している。

京都市内の統合校で行われた国語の研究発表。児童数が増えプレハブ校舎が建った運動場。学年ごとに遊べる休み時間を決めなければ危険な状態について話し合う授業が行われた。ボール遊びをする場所を限定してはどうかという意見。低学年は午前中、高学年は午後の休み時間に遊べる方がいいという意見……。いろいろ出て来て、反論も出される。最後に「〇〇さんの意見に賛成の人」と尋ねられて、反対していた数人も挙手した。「相手の意見を聞いて自分の考えが変わるということがありますね」とまとめられて終わり。話し合いのルールや、話し合いの良さを教えることよりも、子どもたちの「もっと遊びたい」という思いをこそ大切にするべきではないのか。

すぐるはこんな日記を書いている。

今日、きしださんと、なかいさんと遊びました。妹のようちえんにむかえにいってからいきました。

きしださんの家の近くで遊びました。初めはサッカーをして、ドラゴンボールヒーローズのカードをこうかんしようとすると、なかいさんともサッカーをしました。

その後、ひこくんがいたので、いっしょにみんなで中あてをしました。その後公園へ行くという話になると、運動公園の上の広場で遊びました。ひこくんは遠い所は行ってはいけなかったのでざんねんでした。

人がいないとかくにんして、さかを自転車やはしりでおりるあそびをしました。自転車だとスイスイと行けたけど、はしりだと、はやいけど息ぎれがきつくなったので、その後自転車を使いました。

その後、きしださんとなかいさんは木のぼりしていたけど、ぼくはしませんでした。それから山(運動公園)のちょうじょうへいって、少しながめました。ながめていると、自分の家や学校が見えました。

それからまた遊ぶやくそくをして帰りました。その日は楽しかったです。

家にかえるとお母さんが、

「なんか、すぐるをよびにきた子がふたりいたよ。」

と言われておどろきました。明日あやまろうと思います。


すぐるは給食当番のエプロンの番号が覚えられない。この日も学校で「よびにきた子」と遊ぶ約束をしたことを忘れて遊びに出かけている(その一人が中井なのだが)。「ひこくん」は支援学級在籍。

校区外になる運動公園に一緒に行けないことをすぐるは残念がっている。次々にいろんな遊びをしている。自由である。それが無駄のない文で綴られている。

『身体でわかる生活』の上に『言葉でわかる世界』が積み上げられることによって、初めてその言葉は血の通った思考の道具になります。しかし具体的な体験に結びつけられない言葉は、イメージを持たないたんなる言葉として覚え込まれるだけで、血の通った思考の道具にはなりません」（高垣忠一郎著『揺れる子どもの心と発達』かもがわ出版）

泳ぎ回る自由こそ大切にされなければならない。

教育の自由、表現の自由

「集団的自衛権の行使容認」が閣議決定された。道徳の教科化、教科書検定制度や教育委員会制度の改悪……と、教え子を再び戦場へ送る道が開かれようとしている。

「忘れてはならないのは、国家にとって教育とは一つの統治行為だということである。……国家は……国民に対して一定限度の共通の知識、あるいは認識能力を持つことを要求する権利を持つ。そうした点から考えると、教育は一面において警察や司法機関などに許された機能に近いものを備え、それを補完する機能を持つと考えられる。……納税や遵法の義務と並んで、国民が一定の認識能力を身につけることが国家への義務である……」（「日本のフロンティアは日本の中にある　自立と統治で築く新世紀」二十一世紀日本の構想懇談会一九九九年）という思想は、今も文部科学行政の根底にある。しかし教育は「権利」である（憲法二六条）。学テ最高裁判決が「子どもの教育は、教育を施す者の支配的権能ではなく」と明言し「党派的な政治的観念や利害によって支配されるべきでない教育にそのような政治的影響が深く入り込む危険があることを考えるときは、教育内容に対する右のごとき国家的介入についてはできるだけ抑制的であることが要請される」としていることを改めて思い起こす必要がある。

戦前、戦中に各地で弾圧が行われた生活綴方運動は、子どもたちが自分たちの生活や思いを自分の言葉で書き綴る教育実践であった。その自由な表現は、国家が国民に持たせようとする知識・認識能力とは異なるものであった。

今、学習指導要領と学力テストがセットになって「新国家主義」と「技術」としての言葉の力を強調する状況は、新たな生活綴方運動への弾圧でもある。

しかし、困難な中だからこそ、子どもたちに生活の事実を自由に語り、書き綴らせることだ。「ゼロトレランス」の子ども観から抜け出して、子どもの今をそのまま受け止めることだ。子どもたちの自由な表現の重要性や魅力は見失われていない。それこそが、混迷の時代を拓くエネルギーとなる。

2 生きづらい社会にあって、子ども、父母、地域と繋がる
―共感性を持ち合わせた「あるべき姿」に向かって

白木 次男（福島）

「貧困」、「格差」が広がるなかで

「貧困と格差」の文字をこんなに多く目にする日はありません。先日の「琉球新報」社会面（二〇一六・一・五、FBより入手）には、「子の貧困率、沖縄三七％最悪 一二年全国の二、七倍」という見出しが載っていました。一八歳未満の子を育てている世帯の三分の一以上が貧困に陥っているというのです。全国平均の一三・八％ですら大変な状況であるのに、沖縄のそれは、いかに厳しい状況か。子どもの貧困率は、働く貧困率、いわゆる「ワーキングプア」と一体をなすものですが、その割合も二五・九％と、全国平均の九・七％を大幅に上回っています。この記事の執筆者山形大学戸室健作先生は、貧困率の改善に向けた「生活保護費補足率」の上昇と「非正規雇用の活用を規制

することが必要」と国に施策を求めています。さらには、貧困は母子家庭ばかりか、両親共にいる家庭にまで広がっているという指摘もあります。

さらに悪いことには、生産と配分に預かれないのは「努力しない人は報われなくて当然」とする「自己責任」や「競争」論が呪縛のようにのしかかることです。この論理に支配されると、負け組になるのは自分の努力が足りないからと思い込まされ、立ち上がるきっかけさえ奪われてしまいます。「トリクルダウン」といったまやかしのもとで、富める者とそうでない大多数の人との格差は広がるばかりです。一見、豊かな社会に生きる子どもたち。しかし、現実には「貧困と格差」がこれほどに広がっているのです。全国平均としては六人に一人の割合で子どもたちの貧困率が広がっているのです。

この子どもたちがどんな重荷をカバンにつめて学校にやってきているのか、共同者としての教師に見えなくてはなりませんし、何よりもこの子たちを、支え励ましていかなければなりません。

支え励ます、そしてその先へ

「貧困と格差」を述べるにあたって、過去の実践記録から述べることにしました。経済的なばかりか精神的苦痛まで背負わされた今の子にとっては、こんなことを書いたり読み合ったりすることはできないかもしれませんが、あえて載せたのは、子どもや青年が背負わされた「自己責任」から自分を解放していくには、競争をあおる社会の矛盾に目を向け、学んでいってこそ、と思うからです。ここでは、五年、六年と持ち上がった子どもが、なぜこんな日記を書いたのかにふれながら、改めて考えてみます。

学級のお金

六年　徹

夜、時間割をそろえていたら、ランドセルの中から学級費の袋と貯金の袋が出てきた。このままにしておいて朝のいそがしい時に出したらどなられるのは分かっていたから、あわてて母のところへ持って行った。母は、茶の間で新聞を読んでいた。僕は、

「お母さん、明日学校に持っていくやつ。」

と言って、母の前に突き出した。母はそれを受け取りちょっとながめながら、

「五千五百十円か。あと貯金。拓也も持ってきたんだよなあ。あっかなあ。」

と独り言のように言った。そして、たなの上にあげ、また新聞に目をやった。僕は、ちょっと考えてお風呂に入った。（五千五百十円に貯金と弟の学級費を合計して九千円ほどになる。九千円というお金は母が二日分働いたお金。九千円は大変なお金だな）と思い、お風呂から上がって母に、

「もしお金がなかったら、おれの預けているお金使ってもいいよ。」

と言った。すると、母は見ていた新聞を閉じながら、

「ない時使わせてもらうから。」

とやさしく言った。それを聞いていた祖母が、

「どれ、徹らめんこいからばあちゃんが貯金だしてやっから。」

と言って、サイフから千円をとりだしてぼくたちにくれた。僕が、

「どうも、ばあちゃん。」

と言うと、母が、

「もうおそいからねろ。」

と言ったので、部屋に行ってふとんに入りねた。


四月初めの日記です。家庭訪問したとき、徹君のお母さんに「そうなんですよ、先生。徹がこんなことを言ってくれたんですよ」と聞かされました。お母さんは、徹君の成長ぶりを涙ながらに喜んでおられました。

お母さんのつぶやきを「独り言のように」、ととらえた徹君。実は、母子家庭の生活の厳しさを知っていました。それは、五年生の時に取り組んだ「父母の働く姿を聞き書きしよう」といった取り組みからでした。徹君は、縫製工場で働くお母さんに話を聞きながら、母一人で生計を立てることの大変さや苦労、そして、働くことの喜びを学んできたのでした。だから、「僕の貯金を……」となったのだと思います。子どもたちと読み合い、そして、「家のことが分かり力になろうとしている」徹君の生活をとらえる目の確かや意欲を学び合ったのでした。「貧困と格差」にある子どもを学級の真ん中にして、支え励ましていくことは当然のこととして、さらには、なぜこうも貧困と格差が生じるのか、社会の矛盾に目を向け、開かせる実践があってしかるべきです。

ばらばらにさせられる子どもを繋ぐ ～いじめ・自殺～

こんなに悲劇に見舞われても、いじめや、いじめによる自殺は後を絶ちません。二〇一五年には、岩手県の矢巾中学校でのいじめ・自殺があり、担任教師と生徒のやりとりである「生活記録ノート」が取り上げられました。このノートには自殺をほのめかす内容やいじめの訴えが記されていたにも関わらず、生徒が抱えていた苦悩の深さを読み取ることができなかったことを、学校の危機感のなさや対応の甘さとして厳しく批判されました。ここでは、教師と子どもの関係性、なかでも「心の叫び」を聴き取り、受け止めることを、一番にクローズアップされたのです。

いじめ・自殺の原因は様々に語られますが、ここでも、高度に「競争」や「自己責任」を求める社会や教育が、子どもをばらばらに分断し、不安におとしめ、傷つける一因であるように思います。一方で、私たち教職員も、多忙と成果主義による評価によって追い詰められているという現実があり、人と人との繋がりをなくされかけています。

このようななかにあって、子どもたちをどう繋いでいくのか、子どもとどう繋がっていくのか。「競争」ではない「共同」の教育にどう転換していくのか、簡単にはいきませんが、「共同」の前提として日々の暮らしの喜怒哀楽を語り綴り読み合いながら、互いが互いを知ることから始めなくてはなりません。そして、教師と子どもが互いに思いを共有するとともに、違いを尊重し合うつながりにまで高めていかなければいけません。

人間的な温かさを分かち合う

これはいじめが原因で学級が成り立たなくなってしまったクラスを受け持ったときの記録です。ささくれ立ち、人を人と思わないあざけり、からかいが学級を支配し、とうとう一人の子は学校に来られなくなっていました。その上、女子のあいだには友だち関係のもつれがあり、安心して自分を出せるような雰囲気ではありませんでした。こんななかで、いじめの側に回ってしまった子らの苛立ちささくれだった心をどう解きほぐしていくか。いじめられた子の閉じてしまった心をどう開いていけばいいのか。ばらばらになってしまった関係を、温かで人間的な感情があふれるものに取り戻すには？　などと試行錯誤しながら取り組んだ実践でした。

綾さんは、落ち着いていられない家庭にあって不安や寂しさを抱えた子でした。友だちに対しても一人になってしまうのではないかと、過剰に気を遣う子でした。一方で、この作品に出てくる佳奈さんは、人の痛みが分かる子でしたが、力の強い女子の集団にあっては、その良さを発揮することができないでいました。けれど、学級に安心と居場所が見られるようになったとき、友だちがそうしているように、「私も自分の思いを率直に表現していいんだ」と思えるようになっていました。綾さんが風邪で学校を休んだとき、佳奈さんに「綾さんをみんなで見舞ってこないか」と声をかけました。そして、佳奈さんはそのことを詩に書き、綾さんが返事のように詩を書いたのです。

うれしかった

六年　綾

『綾、だいじょうぶ。』
げんかんから声をかけると
綾さんが赤い顔をして出てきた。
「……。」
佳奈ちゃんが
私のことを書いた詩を発表した。
うれしくて
なみだがたまってきた。
「明日学校にきてね。」
というところで
なみだがでてしまった。
手で顔をかくしていると
「どうした」
と声をかけられて
もっとなみだが出てきた。
なくつもりはなかったのに
かんちゃんは

本当に心配してくれたんだ。
いい友達を持ってよかった。

友だちを自分のことのように思う心が友だちを勇気づける。勇気づけられた友だちは人に対する信頼を取り戻し、深く繋がり合うはずです。子どもたちには、人と人が関わり合うことの安心感や、信頼し合うことで生まれる確かな繋がりを分かち持たせたい。こんなことを広く学級に行き渡らせたい、と思います。

子ども・父母を繋ぐ　～震災・原発事故被害～

原発事故からまもなく五年が経とうとしています。しかし、「福島県の避難生活者」は未だに十万人を超えています。なかでも、原発直下の双葉町の多くの人たちは、ふるさとを追われ散り散りばらばらなまま、ある地域においては、帰還できるのは百年以上先かもしれないとさえ言われています。また、福島原発から二十～三十㎞圏内に住む人たちは「避難指示解除」を言われ、損害賠償を打ち切られ、安全の保証もないままに地域に戻らされています。事故当初から「避難の必要対象外」とされた人たちは、医療や看護などが不十分な環境での生活を強いられています。

このような状況下にあって、子どもたちもまた、親の苦悩を引き取りながら、避難先で、そして、避難指示解除区域で、不安やストレスを抱えて暮らしています。

四月。それでも、「せめて卒業は地域の学校で」と願う子と親は地域の学校に戻ってきます。望まない転校で身も心もすり減らして帰ってくる子もいます。元の学校にもかかわらず、過剰反応を示し崩れていく子もいます。親御さんのなかにも「避難するか」「残るか」のギリギリの選択でさえ尊重されず、悩み、不安に駆られながら暮らしている人がいます。こんなときだからこそ、希望も苦悩も分かち合う共感性を、人の温かさやみんなが繋がって生きることの共同性をつくり出したいと思います。

率直な表現が仲間を繋ぐ

二〇一三年四月。異動して三年ぶりに学級担任になったときのことです。五年生二二人。さっそく一枚文集を発行し、第一号に智君が書いてくれた日記を載せました。智君は原発事故により、二年生だった三月に福島県北西部に避難し、五年生になった今、二年ぶりに戻ってきたのでした。避難先で、転校した学校で、智君はどんな思いで暮らしていたのでしょう。望郷の念にかられて寂しい思いをしてきたのではないでしょうか。こんなことを想像しながら、智君を大事にしたいと思い、「第一号」に載せたのでした。

二年ぶりにあえて、休み時間いっしょに遊べるかしんぱいしてしまった

5年　山田　智

ぼくは、おもったいじょうにすんなり入れました。休み時間やお昼休みもいろんな人と遊んでいます。けいどろとかおにごっことかふやしおにをしています。

「あんがいすんなり入れました」と書いていたこの一文に智君のすべてが言い表されているようで、「よかった」。そう思いました。そうしたら、どうでしょう。小学校に入学して、初めて智君と友だちになった文也君が、翌日こんな日記を書いてきました。

五年生になって友達が帰ってきた

5年　斎藤　文也

五年生になったら友達が三人帰ってきました。中には、智君という、一年生の時初めて友達になった親友がいました。すぐに智君と話しました。でも、本間君ともすごく仲が良いので、どっちと話せばいいのか分からなくなり、頭がくるいました。でも、両方と話すという手があるので二人と話してよかったなと思いました。

この作品をみんなで読み合ったとき、文也君の「頭がくるいました」の一文に教室がどっとわきました。戻ってきた学校、学級にすんなり入れるかどうかと不安がった仲間を友だちが気遣う。ここでは文也君が智君を意識して気遣ったわけではなかったのですが、子どもの率直な表現が仲間を繋げ、温かな関係を紡いでいったように思います。

最初の授業参観、学級懇談会の席で、智君のお母さんは、いみじくもこれらの日記に触れ、智君が転校先で友だちがなかなかできずに学校を出しぶったこと、地元に残った父親と会えず寂しい思いをしていたこと、家に帰ると荒れていたことなどを涙ながらに話してくださいました。そして、温かく迎えられて「安心した」とも。これを聞いていたお母さんらも智君のお母さんをねぎらい、温かなことばをかけていたのでした。その後、子どもたちとは、この地で生きる父母の思いに触れたり、地域の実態を調べたりしながら、「人と人とが関わり合い、苦悩も希望も共に分かち合っていくこと」を学んでいったのでした。

厳しい子どもの状況のなかで子どもとどう出会い、つながっていくのかについて述べましたが、子どもが元来持つ明るさ、元気さを前面に出した出会いやつながりもあります。ともに子どもを深く理解し、信頼することです。

最後に、浜矩子さんの『国民なき経済成長』（角川新書）をご紹介します。第4章「日本経済がアベノミクスの向こうに側に目指すもの」として、浜さんは、矩子の矩を引き合いに「心の欲するところに従えども矩を踰えず」として、経済活動のあるべき姿を示した後、欲と矩のバランスを達成できる人間について『国富論』のアダム・スミスを引いてこう述べています。そのような人間とは、「共感性を持ち合わせた人間」で、「人の痛みが解る。人の苦しみを我がことのように感じる。人の幸せが解る。人の幸福を我がことのように喜ぶ。人間なら、誰しもそのような共感性を有している。そのような人間らしい人間が携わる営み。それが経済活動だ」と。さらに、「共感性を持ち合わせているというのは、端的にいえば、もらい泣きができるということだ。人のために涙することができる。この感受性を持っている人々が営む経済活動なら、それは、人を不幸せにはしない」と。この文をそっくりそのままに、子どもとの出会いの「あるべき姿」として読みたいと思います。

●「日本作文の会」

1950年に「日本綴方の会」として発足し、翌年「日本作文の会」と改称した。作文教育・生活綴方教育を中心に実践・研究している民間教育研究団体。「生活に根ざした表現と生きる力」をテーマに、毎年、全国作文教育研究大会（2016年度は第65回高知大会）を開き、月刊誌『作文と教育』（2016年8月号＝840号）を発行している。

〈問い合わせ〉
〒113-0033 東京都文京区本郷
1-20-6 島村ビル 3F
TEL 03-3812-1493
FAX 03-3811-4590
http://homepage3.nifty.com/nissaku/
e-mail:sakubun@nifty.com

「書《か》くこと」の授業《じゅぎょう》を豊《ゆた》かに

――作文教育《さくぶんきょういく》でアクティブ・ラーニングの先《さき》へ――

2016年8月1日　初版第1刷

編　集　日本作文の会
発行者　比留川 洋
発行所　株式会社 本の泉社
〒133-0033 東京都文京区本郷 2-25-6
電話 03-5800-8494　FAX 03-5800-5353
http://www.honnoizumi.co.jp/
DTP　木椋 隆夫
印　刷　新日本印刷 株式会社
製　本　株式会社 村上製本所

ISBN978-4-7807-1290-2　C0037